中國道教文化研究

二　編

第 **13** 冊

持齋戒殺：
清代民間宗教的齋戒信仰研究（下）

林榮澤　著

花木蘭文化事業有限公司

國家圖書館出版品預行編目資料

持齋戒殺：清代民間宗教的齋戒信仰研究（下）／林榮澤 著
— 初版 — 新北市：花木蘭文化事業有限公司，2020〔民109〕
目 2+154 面；19×26 公分
（中國道教文化研究 二編：第 13 冊）
ISBN 978-986-322-201-9（精裝）
1. 民間信仰　2. 清代
618　　　　　　　　　　　　　　　　　　　　　102002679

ISBN-978-986-322-201-9

9 789863 222019

中國道教文化研究
二 編　第十三冊　　　　　　　ISBN：978-986-322-201-9

持齋戒殺：清代民間宗教的齋戒信仰研究（下）

作　　者　林榮澤
總 編 輯　杜潔祥
副總編輯　楊嘉樂
編　　輯　許郁翎、張雅淋　美術編輯　陳逸婷
出　　版　花木蘭文化事業有限公司
發 行 人　高小娟
聯絡地址　235 新北市中和區中安街七二號十三樓
　　　　　電話：02-2923-1455／傳眞：02-2923-1452
網　　址　http://www.huamulan.tw 信箱 hml810518@gmail.com
印　　刷　普羅文化出版廣告事業
初　　版　2020 年 3 月
全書字數　292972 字
定　　價　二編 21 冊（精裝）台幣 42,000 元

持齋戒殺：
清代民間宗教的齋戒信仰研究（下）

林榮澤　著

上 冊

第一章 緒 論 ……………………………………… 1
　第一節　研究的動機與目的 ……………………… 1
　第二節　研究的回顧與方法 ……………………… 4
　第三節　材料與架構 ……………………………… 17

第二章 齋戒信仰溯源 ………………………… 21
　第一節　古代的齋戒祭祀 ………………………… 21
　第二節　皇帝對齋戒信仰的推行 ……………… 24
　第三節　清代的齋戒祭祀 ………………………… 32
　第四節　齋戒祭祀的時機與服儀 ……………… 42
　第五節　清代齋戒制度的功能 ………………… 44
　第六節　小結 ……………………………………… 47

第三章 民間宗教齋戒信仰之形成 ……… 49
　第一節　民間道教的齋戒信仰 ………………… 49
　第二節　摩尼教與喫菜事魔 ……………………… 51
　第三節　白蓮教與民間教團 ……………………… 61
　第四節　羅教的素食教團 ………………………… 68

第四章 清代民間的吃齋教團 ……………… 73
　第一節　初期的吃齋教團 ………………………… 74
　第二節　中期的吃齋教團 ………………………… 84
　第三節　後期的吃齋教團 ………………………… 117
　第四節　清代民間吃齋教團的活動特徵 …… 129

第五章 民間宗教齋戒教義之探討 ……… 143
　第一節　民間宗教的齋戒教義 ………………… 143
　第二節　民間宗教齋戒信仰的特徵 ………… 155
　第三節　其他素食主義的比較 ………………… 166

下 冊

第六章 齋戒信仰與清代官方的取締 ……… 195
　第一節　官方對吃齋者的取締 ………………… 195
　第二節　案例：福建"老官齋教"起事 ……… 199
　第三節　案例：吃齋戒煙與清末的華山教案 …… 203
　第四節　小結 ……………………………………… 213

第七章　教派齋戒活動的社會影響⋯⋯⋯⋯⋯⋯⋯ 215
　　第一節　教派吃齋者的社會人際網絡 ⋯⋯⋯⋯ 215
　　第二節　民間齋戒信仰的社會功能 ⋯⋯⋯⋯⋯ 223
　　第三節　齋戒信仰與官方的取締 ⋯⋯⋯⋯⋯⋯ 234
　　第四節　小結 ⋯⋯⋯⋯⋯⋯⋯⋯⋯⋯⋯⋯⋯ 238

第八章　結　論 ⋯⋯⋯⋯⋯⋯⋯⋯⋯⋯⋯⋯⋯⋯ 241

徵引書目 ⋯⋯⋯⋯⋯⋯⋯⋯⋯⋯⋯⋯⋯⋯⋯⋯⋯ 249

附表一　清代檔案所見民間宗教教派活動統計表
　　　　（依年代順序排列）⋯⋯⋯⋯⋯⋯⋯⋯⋯ 269

附表二　檔案所見清代民間教派活動次數統計表
　　　　（共計 935 筆）⋯⋯⋯⋯⋯⋯⋯⋯⋯⋯⋯ 301

附表三　民間宗教《寶卷》《經卷》中相關齋戒教
　　　　義簡表 ⋯⋯⋯⋯⋯⋯⋯⋯⋯⋯⋯⋯⋯⋯ 309

附表四　世界各地素食主義者協會成立簡表⋯⋯⋯ 341

表目錄
　　表 3-1　元代白蓮教事件統計表 ⋯⋯⋯⋯⋯⋯⋯ 66
　　表 3-2　明代白蓮教事件統計表 ⋯⋯⋯⋯⋯⋯⋯ 72
　　表 4-1　清初順治至雍正年間民間吃齋教團宗教活動
　　　　　　簡表 ⋯⋯⋯⋯⋯⋯⋯⋯⋯⋯⋯⋯⋯⋯ 75
　　表 4-2　清代乾隆年間民間吃齋教團宗教活動簡表 ⋯ 84
　　表 4-3　乾隆十三年（1748）福建省民間教派活動的
　　　　　　分布情形 ⋯⋯⋯⋯⋯⋯⋯⋯⋯⋯⋯⋯ 101
　　表 4-4　清代嘉慶年間民間吃齋教團宗教活動簡表 · 106
　　表 4-5　清代道光至宣統年間民間吃齋教團宗教活動
　　　　　　簡表 ⋯⋯⋯⋯⋯⋯⋯⋯⋯⋯⋯⋯⋯⋯ 118
　　表 5-1　檔案所見清代民間宗教各教派引用寶卷書籍
　　　　　　名稱簡表 ⋯⋯⋯⋯⋯⋯⋯⋯⋯⋯⋯⋯ 144
　　表 6-1　齋戒信教者的懲治 ⋯⋯⋯⋯⋯⋯⋯⋯⋯ 196
　　表 6-2　乾隆十三年（1748）福建省民間教派活動的
　　　　　　分布情形 ⋯⋯⋯⋯⋯⋯⋯⋯⋯⋯⋯⋯ 202
　　表 6-3　福建古田縣齋教會主要信徒分析表 ⋯⋯⋯ 209
　　表 7-1　齋戒信教者的懲治 ⋯⋯⋯⋯⋯⋯⋯⋯⋯ 235

第六章　齋戒信仰與清代官方的取締

第一節　官方對吃齋者的取締

　　清政府自乾隆中葉以後，到道光朝這段期間，對民間吃齋者的取締愈加嚴格。有時連一般非出家人，只要是吃齋，官方就認爲可能與邪教有關。

一、官方的查訪

　　前述於道光年間，發生於直隸大興縣張字營村的李自榮案，事後官方即對大興縣進行全面的查訪，吃齋者就成了主要查訪的對象。地方上凡是有吃齋的人，一律詳加究審。當時有李二、賈青雲及西紅門村茶棚庵僧常修等人，素常喫齋。於是有傅添栴假意卻拜師李二，想探知李二是否習教，未經李二的允許。後來傅添栴因發現賈青雲家中有二本藥王經，就去密告李二等人是紅陽教徒，官方逮捕了李二等人，李二的口供說：「伊因病吃齋，並未習教。」〔註1〕經查也確無習教情形。可知清政府在道光年間，對民間吃齋者，已深有戒心，如果非出家人吃齋，一定會詳細查明是否傳習邪教。

二、清政府律例規定

　　就《大清律例》中有關〈禁止師武邪術〉律例來看，清政府對民間秘密宗教結社，不論各種名目都一律在禁止之列，舉凡：

　　　　師武假降邪神，書符咒水，扶鸞禱聖，自號端公太保師婆及妄稱彌

〔註1〕《上諭檔》（方本），道光12年2月30日，頁332～333。

勒佛、白蓮社、明尊教、白雲宗等會，一應左道異端之術。或隱藏
圖像，燒香集眾，夜聚曉散，佯修善事，煽惑人民，為首者，絞監
候；為從者，各杖一百，流三千里。〔註2〕

這是清初時，根據《明律》所修訂的律例，其中並未規範到吃齋念經拜佛的
問題。一直到清嘉慶十八年間，因民間秘密宗教勃興，清政府對此感到有必
要從嚴處理，所以另修訂相關治罪條例，並首次提到民間秘密宗教信眾吃齋
的問題，內容整理如下幾項要點：〔註3〕

（一）奏辦理邪教總以有無傳習經咒，供奉邪神拜授師徒為斷。

（二）白陽教即係白蓮教及八卦教之別名，最為足害，嗣後為首，照左
　　　道異端煽人民律擬絞監候；為從，發新疆給額魯特為奴。

（三）紅陽教及各項教會名目，並無傳習咒語，但供有飄高老祖及收藏
　　　經卷者，發往烏魯木齊分別旗民當差為奴，其雖未傳徒，或曾供奉
　　　飄高老祖及收藏經卷者，發邊遠充軍。

（四）坐功運氣，雖非邪教，亦比照故自傷殘律杖八十。

（五）若訊明實止茹素燒香，諷念佛經，止圖邀福，並未拜師傳徒，亦
　　　不知邪教名目者，方予免議。

第五項對吃齋者的界定，若純粹只是民間個人的吃齋行為，是清政府所許可
的。但如果牽涉到集體多人一起作會吃齋，就會被嚴格禁止。

三、齋戒信教者的治罪

　　就上述有關羅教、大乘教、無為教、江南齋教、老官齋教、青蓮教、紅
陽教、清淨門等信徒，因在地方上辦供作會吃齋，吸收信眾，為官方所取締
查獲，主要人員被治罪的情形，列表如下：

表6-1　齋戒信教者的懲治

姓　名	年代	教派	主要活動	懲治情形	資料出處
潘玉衡	雍正13年	羅教三乘會滋粑教	家裡設佛堂，辦供念經吃齋，傳授法名收教徒	當堂立即杖斃，以正風俗	《史料旬刊》頁202

〔註2〕　《大清律例》〈禁止師巫邪術〉條。
〔註3〕　王信貴，《清代後期官方對民間秘密宗教之政策》，國立臺灣師範大學歷史學
　　　　研究所碩士論文，民國87年1月，頁166。

夏公祥			持齋念經，預製道衣道巾，時往潘玉衡家念經	發回合肥縣枷號一個月，滿日重責三十板	
夏玉三王之惠			持齋念經，常至潘玉衡家附和念經	發回合肥縣枷號一個月，滿日重責三十板	
劉天相胡宗仁等九名			聽從夏公旭之言相率持齋，然皆未入教念經，且久改悔。	均予免究，但責令該地方官嚴行管束，諄切化導，令其遷善改惡，予以自新，取具遵依，再犯從重治罪。	
朱光輝、曹天章、王世洪、劉天元、丁天佑、繆世選、仲壽成、程玉、周成瓏	乾隆33年	羅教	主守庵堂的庵主，平日吃齋念經，收藏經卷，並於水手回空酬神之日，率同念經禮拜。	均照為從律，杖一百流三千里。朱光輝、曹天章、王世洪三犯看守老庵，劉天元一犯，羅經之外兼有羅像，情節較重，應發往烏魯木齊等處給披甲人為奴。內有六十歲以上者，照例改發雲貴兩廣充軍。	《史料旬刊》頁219～220
陳起鳳、韓德山、虞成并等十八名			看守庵堂的庵主，平日信教吃齋，並未收藏經卷及傳徒。	均照為從，流罪減一等，杖一百徒三年以上。	
林士富			吃素念經，寓滾盤珠庵，未皈依羅教，所念經卷為心經，並非羅經	應照違制例，杖一百	
陶盛、翁明山等十五名			漕船水手，未入教亦未吃素念經，僅在庵堂寓歇	各照不應重律，杖八十折責三十板	
朱文顯、僧性海	乾隆33年	羅教無為教	江蘇無為教首，掌管經堂，吃齋念經傳徒	依為首律擬絞監候	《史料旬刊》頁282
陳文高、姜漢如等八名			經堂堂主，奉教吃齋念經	均合依為從律，各杖一百流三千里。年在六十以上者，改發烏魯木齊，給披甲人為奴	
王志興等三十一名			入教吃齋，尚未轉相傳徒	應照為從再減一等，各杖一百徒三百。	
王文元等四十三名			暫住經堂，未吃素入教	杖八十，折責發落。	

陸添餘	乾隆34年	長生教	喫齋念經奉長生教，糾約入教男婦作會吃齋，並化緣重建西安齋堂。	依為首者絞律。	《史料旬刊》頁283
陸貞三			西安齋堂主，崇奉並收藏經像，款待上祖墳禮拜之人。	發烏魯木齊等地給種地兵丁為奴。	
嚴文標等五名			住堂奉教入會，吃齋念經。	杖一百流三千里	
張子祥等三人			入教吃齋念經，但不住堂	杖一百徒三年	
張生培	乾隆34年	紅陽教龍天會	吃齋拜佛，在家擺說佛堂，每年四季擺供念經，招人入會吃齋	依為首者絞監候	《史料旬刊》頁309
張二等四名			奉教入會，吃齋念經	為從杖一替流三千里	
桑文之、包義宗			負責作會念經	發烏魯木齊給披甲人為奴	
吳成順等五名			加入桑文之作會念經吃齋	杖一百徒三年	
王紹英等四名	嘉慶19年	清茶門紅陽教	吃齋行教傳徒，每日向太陽供水一杯，磕頭三次	發烏魯木齊為奴，仍照例刺字	《清代檔案史料叢編》頁4～5
王延氏、成萬鈞等九名			入教吃齋，但未傳徒	各杖一百，徒三年，至配所折責四十板。婦人照例收贖。	
王軒蘭等四名			雖曾拜師，但僅只聽從吃齋，未傳徒斂錢	杖九十，徒二年半。	
張致讓	道光25年	青蓮教	拜彭依法為師，傳習青蓮教，茹素念經，念不經咒語，領授松木劍傳徒。	依為首者擬絞立決	〈宮中檔道光朝奏摺〉道光25年9月30日
楊作錦等七名			拜師傳習青蓮教，齋戒念經，默叩無生老母，轉傳有徒。	發烏魯木齊為奴，仍照例刺字	
李廣華等十名			拜師習教，叩敬無生老母，收有經卷，但未傳徒	發邊遠充軍	

胡止元		僅拜師習教吃齋，未藏經傳徒	杖一百，流三千里
范貽福等三十名		僅拜師習教，並無叩敬無生老母，及收受經卷	杖一百，徒三年

　　由上表不難看出，清政府在懲處這些吃齋教團時，大致可分成三種類型。一是主要的教首，或是持齋誦經、傳教授徒者，這兩類人的判刑最重，不是絞決，就是流徒千里為奴。其次是僅止入教吃齋念經，並未傳徒者，多判為杖、徒之刑。其三，若僅是持齋念經，並未入教者，則可給予具結自新，再犯則從重量刑。

第二節　案例：福建"老官齋教"起事

一、福建齋教的源流

　　目前學界的研究，一般都認為齋教是源於明代後期，由羅夢鴻（亦稱羅因）所創的羅教。〔註4〕羅教在創教祖師過世後，分成幾支留傳，其中由殷繼南（二祖）、姚文宇（三祖）向江南傳播的一支，稱為江南齋教或稱羅教。福建的齋教，即是源於江南齋教這一支派而來。

　　就目前的資料看來，江南齋教首先是在明嘉靖年間，出現於浙江處州一帶由二祖殷繼南所開創，稱為"無極正派"。〔註5〕殷祖傳教布道的區域，主要在浙江處州、縉雲、台州、松陽、武義、溫州、青田、金華、瑞昌、景寧、宣平諸州縣，分布於浙江中部及沿海地區。在傳教上，殷祖建立了初步的教階制度，封了二十八位"化師"，七十二位的"引進"，二十八位的化師皆以"普"字派命法名。明萬曆十年（1582），殷祖在溫州被官府所捕，同年八月四日被處死。〔註6〕

　　二祖殷繼南過世後，先是由其女弟子普福化師瓊娘繼承教權，但普福權威

〔註4〕　詳見馬西沙、韓秉方，前引書，第七章〈江南齋教的傳播與演變〉。

〔註5〕　淺井紀，〈羅教の繼承と變容──無極正派〉，《和田博開教授古稀記念明清時代の法と社會》（汲古書屋，1993年），；武內房司，〈台灣齋教龍華派的源流問題〉，收錄於江.燦騰、王見川主編《臺灣齋教的歷史觀察與展望》，（台北：新文豐，民國83年9月），頁7。

〔註6〕　馬西沙、韓秉方，前揭書，頁348。

不足，信徒渙散，改由處州慶元縣人姚文宇繼掌教權。三祖姚文宇生於明萬曆六年（1578），根據《太上祖師三世因由總錄》（以下簡稱《三世因由錄》）的記載，姚祖是「三十一，正遇師，中途引化。三歸依，持淨戒，參悟無身。」〔註7〕姚文宇是在三十一歲時皈依殷祖，到明天啓三年（1623），正式接掌教權。姚祖掌教時期，浙江的教務更爲宏展，齋教的信徒也最多，並向江南各地廣爲傳布。《三世因由錄》詳列了姚祖派下，按中左右「禮、義、廉、恥、孝、忠、和」七代，開展出一百二十枝“化師”，〔註8〕可見其盛況。姚祖所開創出的一大遍道場，傳布的情況，就目前的研究所見，約當在明清之際，傳布到江西、福建兩省，其後即快速的向江蘇、安徽、湖北、湖南、廣西等省流傳。〔註9〕由姚祖所開創的教團，又稱爲“靈山正派”。〔註10〕清雍正七年間，清政府在浙江處州府查獲，疑似姚文宇派下教首姚細妹，並經此追查出當時在福建之泉漳兩郡有更多的羅教徒，令清政府大爲驚恐，嚴令按察使必須詳加密查。〔註11〕同年十二月，江西巡撫謝旻奏稱，發現福建汀州府的羅教，也是由姚系所傳。是由已身故的姚煥一傳給兩兒子姚元藻、姚繩武，元藻兩兄弟經往福建汀州府賣布生理時，將羅教傳至汀州府。〔註12〕有清一代，江南齋教是流傳於長江以南各省最大的教派，所引發的教案不斷，也留下了不少的檔案記載。發生在乾隆十三年（1748），福建“老官齋教”起事，就是一個典型的例子。

二、福建甌寧縣“老官齋教”起事

浙江處州一帶，是個窮鄉山僻的地方，卻是羅教向江南傳播的蘊育處。由此處向江南一帶流傳的羅教，在官方檔案中就稱爲“老官齋教”。據福州將軍新柱摺奏稱：

> 老官齋教係羅教改名，即大乘教，傳自浙江處州府慶元縣姚姓，遠
> 祖普善遺有三世因由一書，托言初世姓羅，二世姓殷，三世姓姚。
> 見爲天上彌勒，號「無極聖祖」，無論男婦，皆許入會吃齋。入其教

〔註7〕 《太上祖師三世因由總錄》，收錄於王見川、林萬傳主編《明清民間宗教經卷文獻》第六冊，（台北：新文豐，1999年3月），頁297。

〔註8〕 《太上祖師三世因由總錄》，前引書，頁287～290。

〔註9〕 馬西沙、韓秉方，前揭書，頁340。

〔註10〕 武內房司，前引文，頁7。

〔註11〕 《史料旬刊》第二期，〈羅教案史貽直摺〉。

〔註12〕 《史料旬刊》第二期，〈羅教案謝旻摺〉。

者，概以普字爲法派命名，其會眾俱稱老官。閩省建、甌二縣從其

教吃齋者甚多。〔註13〕

姚祖齋教"靈山正派"，自清初傳入福建省以來，建、甌二縣即是主要的傳
教領地，這裡的齋教徒被稱爲"老官"，官方的檔案中就稱爲"老官齋教"。
福建的齋教，即是由這個系統傳承下來。乾隆年間，建、甌二縣西北的交界
處有五座齋堂，分別是：〔註14〕

「齋明堂」：設於止移立，會首陳光耀即普照。

「千興堂」：位於後周地村，會首江莘章即普才。

「得遇堂」：位於芝田村，會首魏華勝即普騰。

「興發堂」：位於七道橋，會首黃朝尊即黃朝莊。

「純仁堂」：位於埂尾村，會首王大倫。

這些齋堂是福建齋教的傳教核心，直接由姚祖的派下所領導。「各堂入會男
婦，每逢塑望，各持香燭赴堂念經聚會，每次人數多寡不等，慶元縣姚姓後
裔姚普益、姚正益每年來閩一次，各堂入會吃齋之人，欲其命名者，每名給
銀三錢三分，以供普善香火。」〔註15〕姚祖的後裔姚普益、姚正益兩人，即
是福建齋教的領導，負責人事的提拔及命名。所謂命名，必須是參加過"圓
關"法會後的信徒，才由化師以"普"字來命名。

　　福建省建、甌兩縣的老官齋教徒，在乾隆十三年（1748）發生一次暴動，
震驚了清政府，也才在官方檔案中留下記錄。根據《乾隆十三年正月二十六
日福州將軍新柱奏摺》：事發的經過是在乾隆十二年（1747）十一月間，齋明
堂的堂主陳光耀，在鎮子街上搭了一個篷場，公然"聚集多人，念經點蠟"，
鄉長陳瑞章稟報了甌寧縣丞程述祖，當局拿獲陳光耀等五人，監禁在縣。此
事引發當地各齋堂的驚恐，眾人商議的結果，是讓法名"普少"的老官娘，
捏稱坐功上天，得師父"囑咐今應彌勒下降治世"爲借口，聚集眾齋徒，準
備入城劫獄，救出陳光耀等人。

　　乾隆十三年（1748）正月十二日，普少開始坐功上天，假托神讖語，宣
稱彌勒佛要入府城捉拿妖魔，誘哄群眾一齊入城。於是魏現、黃朝尊等分路
糾集人馬，十五日各持兵器，招迎菩薩進城。這個消息傳出，四鄉民心爲之

〔註13〕《史料旬刊》第二十七期，〈老官齋案新柱摺〉。

〔註14〕《史料旬刊》第二十七期，〈老官齋案新柱摺〉。

〔註15〕同上註。

搖動，各家扶老攜幼，紛紛入山藏匿。起事的齋教徒，舉著各類的旗幟，分別寫著："無極聖祖，代天行事"、"無爲大道"、"代天行事"、"勸富濟貧"、"招軍"等等。整個起事過程，在十六、十七日官府派兵三百名鎮壓後，很快就落幕，數天內參加起事者被搜捕殆盡。此次起事戰死和事後捕殺者，共計一百三十多人。〔註16〕

　　這次福建老官齋教的起事，引起當局高度的重視，於是展開福建全境的調查，發現有很多的齋堂及秘密教門，幾乎遍布福建全省。是年六月福建巡撫喀爾吉善在一份奏摺中，描述了閩省部份地區民間教派活動的情形，整理如下表6-2：〔註17〕

表6-2 乾隆十三年（1748）福建省民間教派活動的分布情形

地區（府、縣）	教派名稱	活動情形	備註
興化府：莆田縣 仙游縣	金童教	供奉觀音大士，男婦聚會吃齋	金童教即金幢教，屬羅教的分支
邵武府：邵武縣	天主教 大乘教	在家內吃齋崇奉，並無經堂	
建寧縣	羅教	齋堂二處	
汀州府：長汀縣	羅教大乘門、一字門	齋堂十四處	
寧化縣	羅教	供奉觀音齋堂十三處	
清流縣		齋堂十三處	
歸化縣	大乘門	齋堂十三處	
連城縣	觀音大乘門	齋堂二處	
武平縣	觀音大乘門	齋堂六處	
建寧府：建安縣	羅教	齋堂四處	
松溪縣	羅教	齋堂一處	
崇安縣	觀音大乘門	齋堂一處	
延平府：南平縣	羅教	齋堂一處	
福寧府：霞浦縣	羅教	齋堂一處	
臺灣府：諸羅縣	羅教	齋堂二處	
每處在堂吃齋者，自二三十人至十餘人不等。平日所爲不過誦經禮懺，更有廢疾衰老，無所依倚之人，藉以存活者。			

〔註16〕《硃批奏摺》乾隆十三年正月二十六日福州將軍新柱奏摺；《史料旬刊》第二十七期，新柱奏摺。
〔註17〕《史料旬刊》第二十九期喀爾吉善等摺。

上表所示，調查的七府十六縣，除一座天主教堂外，幾乎全是齋教的齋堂。這樣的情況一直延續到清末，福建天主教會編印《閩省會報》說：江西、福建交界的幾個府縣，約有齋教徒一百多萬人。〔註 18〕可見清代自乾隆以來，福建的齋教一直都很盛行。

第三節　案例：吃齋戒煙與清末的華山教案

清光緒二十一年（1895），位於福建省古田縣南鄉七都的華山，一個外來傳教教士多在此構屋，以為避暑的地方，〔註 19〕發生了震驚中外的重大教案。有十一位洋人被殺，受傷五人，其中多為英國傳教士，也有一位美國人。此一事件值得注意的是：

一、發動者是明清以來流行於江南一帶，最大的民間秘密教派──齋教。江南齋教自清雍正、乾隆以來，經常發生教案，一般通稱為「齋匪」。這些官方有記載的教案，皆是清政府對齋教的鎮壓。而這次的“華山教案”，卻是齋教與外來傳教士之間的衝突，清政府如何處理這樣的教案，值得注意。

二、、江南齋教一直是流行於廣大民間的秘密教派，此次會公然與英國傳教士起衝突，必有值得探究的原因。清政府自鴉片教爭以來，一直無力禁斷鴉片，以致英國人賣鴉片的商業行為未止。當時古田縣「合邑煙館林立」，〔註 20〕被鴉片毒害的情形必然嚴重，古田一帶的齋教徒，以“吃齋戒煙”作號召，獲得廣大民眾的信仰，很可能因此種下與英國傳教士的衝突。

三、“華山教案”發生在義和團事變前五年，可視為秘密宗教與民間信仰大規模反教運動的先聲。古田齋教徒打出“除番救主”的旗號，與義和團運動的“扶清滅洋”旗號，似有共同的思想基礎。雖然兩者的發生各分南北，但仇殺洋人的行為則是一致的。

基於以上三點的考量，本文希望能對這次的教案，作更深入的探討。首先會對江南齋教的流傳，以及在清末盛行於福建一帶的情形，作一個概略的介紹。其次，針對“吃齋戒煙”的教義主張，從齋教的經典上去印證，以充分了解齋教以此作號召的內容。其三，吃齋戒煙與吸食鴉片之間的矛盾與衝

〔註 18〕福森科，《瓜分中國的鬥爭和美國的門戶開放政策》，頁 91～92，引自連立昌，前揭書，頁 99。

〔註 19〕《民國古田縣志》卷四，〈山川志〉。

〔註 20〕同上註，卷三八，〈禁煙小史〉。

突，最後導致教案的悲劇收場，其演變的過程如何，應作一清楚的分析。其四，此一教案的影響，及清政府處理時的態度，外人尤其是英美兩國如何看待這次教案，也都是分析的重點。

在引用的材料方面，直接的檔案記載如：《教務教案檔》、《宮中檔光緒朝奏摺》、《軍機處奏摺錄副》、《硃批奏摺》等，其中有關於光緒朝齋教的教案。此外《民國古田縣志》、《左文襄公全集》、《清穆宗實錄》、《清德宗起居注》等也有相關的記載。而當時的一些報刊，如《北華捷報》（North China Herald）也有相關的報導。至於有關齋教方面，相關的經典有羅教的五部六冊（即《苦功悟道卷》、《嘆世無爲卷》、《破邪顯證鑰匙卷》、《正信除疑無修證自在寶卷》、《巍巍不動泰山根深結果寶卷》），還有《明宗孝義達本寶卷》、《聖諭寶卷》、《天緣結經錄》、《三祖行腳因由寶卷》、《西林開玄寶卷》等經卷，可對於齋教的齋戒觀有所了解。而學界對此次教案的探討方面，連立昌著《福建秘密社會》一書中，有比較清楚的描述，但也只是在提到福建齋教時的附帶論述，對其成因及影響，沒有深入的分析。〔註21〕至於邵雍著《中國會道門》一書，〔註22〕及馬西沙、韓秉方合著《中國民間宗教史》一書，〔註23〕也都提到此次的教案，但都未有進一步的分析。

一、古田縣"華山教案"

（一）教案的起因

位於福建省汀州府的古田縣，與附近的武平縣、連城縣同樣是齋教流行的地方。武平、連城兩縣的齋堂，屬供奉觀音佛爲主的"觀音大乘門"，古田縣的齋堂也是供奉南海普陀觀世音佛，〔註24〕可能同屬觀音大乘門。清末光緒年間，古田的齋教，是由江西人齋教徒劉祥興所領導，及革職的縣差張濤，兩人一起負責教務。光緒二十一年六月十一日，暴發嚴重的"華山教案"，教案的起因，根據劉祥興事後的口供所說：

> 小的向來吃菜，普名、普太到普田縣有十多年了。先是釘秤生理，近這五、六年藉說戒煙名目，供奉普陀佛，引人吃菜，其實並沒法術。

〔註21〕連立昌，《福建秘密社會》，（福州：福建人民出版社，1989 年 2 月）。
〔註22〕邵雍，《中國會道門》，（上海：上海人民出版社，1997 年 5 月）。
〔註23〕馬西沙、韓秉方，《中國民間宗教史》，（上海：上海人民出版社，1992 年 12 月）。
〔註24〕《教務教案檔》第五輯，（台北：中研究近史所，民國 66 年 10 月），頁 2023。

那吃菜人初進會時，每人出記名錢三十三文，又公項錢一百二十文，
圓關念經時，每人出錢一千六百八十文，備辦香燭、素菜八碗，合
成八掛式，賬目是這張濤管理。漸煽誘他們吃菜戒煙，也有求保平
安，也求別事件，愈集愈眾。……有教民倚恃洋教士幫他迴護，又
常受教民譏誚，說他耶穌大，小的會中供的普陀佛小，素有積怨。
光緒二十一年閏五月間，不記日期，和鄭九九商謀，要想報復淺忿。
〔註25〕

引發齋教徒和英國傳教士之間的衝突，可能是信奉基督教的教民和齋教徒之
間的嫌隙所造成。劉祥興只說是常受這些教民的譏誚辱罵，素有積怨所致。
但根本的原因，可能是齋教的"吃菜戒煙"主張，和當時古田縣盛行鴉片煙
的情形相抵觸有關。

　　根據《民國古田縣志》的記載，當時古田縣境內"合邑煙館林立"，可
見人民吸食鴉片的情形很嚴重。齋教徒以"吃齋戒煙"相號召，勸人入教戒
煙，深得當地輿論的支持，入教者大增。齋教是以舉行"坐關"法會的方式
來進行戒煙，坐關期滿者即可成為正式的教徒。〔註26〕齋教徒要再進一步取
得以"普"字為命名的法號，必須再參加"圓關"法會，才得取得法號。此
次教案中的大引進杜朱衣，其口供中就說：「小的吃菜有十一二年了，從前並
沒有圓關，也沒設普名。」〔註27〕張濤則有參加過"圓關"，他說：「小的吃
菜有三年多了，普名普道。」〔註28〕可知齋教的"圓關"，是提拔教中主要
幹部的重要法會。

　　光緒二十一年（1895）二月間，古田的齋教徒在城關五保後河街，舉街
"圓關"誦經法會，知縣獲報前來取締，並捕走主事者四人。劉祥興等頭領
聞知，即率教徒百餘人衝進縣衙大門討人，經紳士藍志仁及典史李企曾二人
出面調定，結果以彩轎將被捕四人送回了事。此事件可看出輿情對齋教的支
持，令縣令也不得不屈從。此後劉祥興、張濤等人的威信驟增，受洋教欺侮
者，受豪紳、土霸壓迫者，紛紛要求入教，教徒人數多至三千人。

　　由於古田齋教勢力不斷的擴張，令縣丞汪育暘相當擔心，想捕禁齋會又

〔註25〕《教務教案檔》第五輯，頁2023。
〔註26〕連立昌，前揭書，頁105。
〔註27〕《教務教案檔》，頁2026。
〔註28〕《教務教案檔》，頁2028。

顧慮到城牆不固，便請邑紳翁廷玉負責修城，準備修好後，即開始捕禁齋會。但此事已被劉祥興等察覺，便張貼揭帖，說官逼民反，同時號召人民起來抗捐，形勢弄的有些緊張。與齋教徒素有嫌隙的教民，趁機放出謠言，說齋會要攻城了。同時告知中華聖公會英國傳教士史犖伯，史即密告福州英、美領事。英、美領事乃向清政府施壓，要求總督譚鍾麟派兵護僑。譚總督決定以措置失當之責，將汪知縣免職，另派王汝霖接任。同時派何鼎、唐有德率一營的兵力進駐古田縣，見機行事。四月中王汝霖到任，立即出告嚴令齋教開齋出教，禁止活動。〔註29〕

此時，劉興祥等頭領，及由福州來的軍師鄭九九，其同商議，決定發動一次大規模的抗稅行動以鼓動群眾，同時趁亂攻城，以奪取庫銀，再攻安章村迫大戶出錢充餉，然後正式舉事。古田縣的教民風聞了一點消息，又報告史犖伯，史即密告福州英領事，英領事要求省府採取行動。這件天主教會告密的事，隨後被齋教會所知，齋教頭領們便在暴怒之下，決定先找教會報復，於是暴發了震驚中外的"華山教案"。

（二）教案的經過

整個起事的經過，在劉祥興的口供中，有清楚的描述：

> 初十晚，小的同這鄭九九、閩清七、戴奴堂、姚八章、杜朱衣六人拜旂。鄭九九專為主謀，仍在昆山劄生守，湯春引路，小的同閩清七們五行，鄭華要執旂押隊，眾人不肯，小的就叫杜朱衣執三角小生旗，一同後隨，約有二百人。落後沿途走散，十一日早上到華山地方只有整百人。黃嫩弟們幾人吹竹筒，林難民點放號炮，一聲攻進洋房。有二三十人在外接贓，及附和助勢，也有一二十人，餘多畏懼避入山林等候。小的在門外監督，杜朱衣執旂主令，姚八章在門外指揮調度。他們進去怎樣殺洋人搶東西，先不曉得，後來是他們說知，殺死史教士、女洋人共四人，屍被燒毀。又殺斃洋姑娘五人，又傷大小洋姑娘五人，洋幼孩二人。東西搶完，洋房放火燒起，號炮一聲都各轉回，並把搶回贓物挑回崑山劄。鄭九九叫大幅發誓不准私藏，要做公用的，他們有的把贓物交付鄭九九收下，有的私自帶回，各人走散。〔註30〕

〔註29〕連立昌，前揭書，頁106。
〔註30〕《教務教案檔》，頁2024。

總計這次事件，被放火焚燒的別墅有二所，被殺害的有十一人，包括史犖伯夫婦二人、子女各一人、父母親二人、大孫、二孫、乳娘、及柯、史、沙三位修女。被殺傷的有五人，其中一為英國高女士，一為美國寶精英女士。〔註31〕從受害者來看，主要都是教士史犖伯的一家人，可見教徒們主要是沖著史犖伯而來。事後劉祥興等齋教首領，並沒有進一步組織起事，也未逃往他處，而是又回到巾山、髻山，坐以待斃。當官兵趕來抓人時，劉祥興等人也無戰鬥準備，即由後山逃逸，終被一一緝獲，無一幸免。

　　華山教案發生後，立即引起中外的震驚，英美兩國駐京公使串連各國駐華使節，向清廷提出強硬抗議，兩國的巡洋艦也快速趕至福建海域示威，揚言要有進一步的軍事行動。兩國駐福州的領事還組成"聯合調查委員會"進行調查，美國因只是一名婦女輕傷，清政府請其不必參加，亦被美方拒絕。結果組成六人調查觀審團，於六月二十三日前往古田華山現場進行調查。當時一干人犯早已捕獲，總共捕捉近百人，調查團不等結案，要求立即殺人，道員許星翼不得以，上報督撫同意先殺了中層骨幹柳久速等七人。雖如此，但調查團得教民通報的名單，總共開列出二百多人的名單，安求縣府查辦。福州府尹秦炳直堅決不同意，才得以頂住。當時福州將軍慶裕的奏摺說到：

> 英領事滿思禮，美領事賀格森及美兵船管駕鈕姓，先後前往古田，已飭地方營縣妥為防護。美領事遇事多有挑駁，迨到縣後，照約觀審，見所獲皆係真犯，始釋然無疑。兩領事當堂並未攙越一詞，退後亦無異議。惟華山罪犯本不及百人，而該領事等面交委員清單，開列罪名至二百餘人之多，顯係教民挾嫌開送，勢難按名追捕。〔註32〕

慶裕也知調查團所提出的名單，可能是當地平時與齋會有嫌隙的中國教徒所為，目的在借機報復或是勒索。由此也可了解，古田的齋教和當地的中國教民，積怨必深，而當地的英國傳教士，想必也和教民聯成一氣，彼此之間形同水火，嫌隙已久。英美調查觀審團在古田停留二個多月後才返回福州，此案前後被正法者二十六人，搜捕時被格殺和自盡者三十多人，判終身軍流者十七人，終身監禁者五人，監禁十年者二十七人，五年的五人，抱石礅三年刑者五人，抱石礅半年刑者五人，枷示二月者二人。〔註33〕詳細處理的情形，

〔註31〕連立昌，前揭書，頁107。
〔註32〕《教務教案檔》第四輯，頁2014。
〔註33〕連立昌，前揭書，頁109～110。

在《福建通紀》中有如下的記載：

> 首要劉祥興與鄭淮（即鄭九九）、張濤、杜朱衣、葉蝴蝶等五犯解省。
> 始英美兩領事多方刁難，至是首要各犯，綁赴市曹處決，首級解赴
> 古田縣懸竿示眾。其餘各犯，或在場附和，或在外接贓，情節較輕，
> 與英美兩國領事商辦，分別輕重監禁，枷杖發落。奏辦完結，迨二
> 十二年正月，美國領事謂奉彼國外部來文，以古田菜罪滋事，女教
> 士受傷請賠，養傷失物各銀一千八百八十元，總署咨閩照償。二十
> 二年二月，福清設立民教鄉約局，以期民教聯為一氣，相安無事，
> 經費由福清縣馮樹勳捐廉也。〔註34〕

經由這次華山教案的經驗，清政府也意識到民教與民間宗教信仰之間，存在
著某種矛盾與衝突的因素。所以在此一事件後，特別於福清縣成立“民教鄉
約局”，用來防止類似的事件再次的發生。

二、古田縣的齋教徒

古田的齋教會，是由來已久，原本在地方上就常以齋會的形式，舉辦法
會，吃齋唸佛，而與一般的人有所不同。光緒年間，在地方上的鴉片煙害日
益嚴重之際，提出吃齋戒煙的主張，獲得很多鄉民的認同，入教者愈多，因
而形成一股龐大的勢力。齋教會在地方上漸漸扮演起護民的角色，和天主教
民及鴉片商人之間的矛盾，也就日益嚴重，此為華山教案發生的主要因素。

屬於觀音大乘門的古田齋教，供奉南海觀世音菩薩，為了幫人戒鴉片煙
隱，經常舉辦“坐關”法會，其實就是利用宗教信仰的力量，達到勒戒煙隱
的一種方式。換言之，坐關之處，也可看成是煙毒勒戒所，在地方政府沒有
有效的戒煙辦法時，齋教會的坐關勒戒，就成了當地人民的戒除煙隱的希望。
除了舉辦坐關勒戒煙隱外，齋教會在每月的初一、十五，在各處的齋堂，還
有“唸經點蠟”的祈福法會。每位參加的信徒，各持香燭赴齋堂唸經聚會，
所唸的經卷，最多是《科儀寶卷》之類的經卷，有加強信徒持齋守戒的作用。
此外，齋教會的“圓關”法會，是較特別的儀式。主要用以訓練教中的幹部，
凡是受過圓關者，就會就一個以“普”字為命名的法號。以下就古田齋教會
主要的成員四十七人的信仰情況分析如下表6-3：

〔註34〕《福建通紀》，（台北：台灣大通書局，民國十一年刊本），頁773。

表 6-3 福建古田縣齋教會主要信徒分析表

姓　　名	性別	法號	年齡	家庭狀況	資　歷	職業	主要教務活動
劉詳興〔註35〕	男	普太	43	父母俱在，兄弟二人，娶妻已故	古田齋教的領導	總理教務	五、六年前藉說戒煙引人吃素
鄭淮（又叫鄭九九）〔註36〕	男		31	父母俱故，兄弟二人，長兄已故，妻定未娶	入會不滿一個月，稱軍師	算命兼看地理	幫劉詳興策劃一切事情
杜朱衣〔註37〕	男		52	父母俱在，兄弟三人，排老三，妻生有一子	大引進已圓關		三、四年前入會吃齋
張（又名張七）〔註38〕	男	普道	41	父母俱故，兄弟四人，排行老么，已娶妻生三子	大引進已圓關	曾任縣差，被革職已有五年	吃菜三年多
柳久速〔註39〕	男		31	父母妻俱故，無子	未圓關		入會吃菜約四個月
陳番仔〔註40〕	男		37	父母俱故，未婚	未圓關		入會吃菜半年
林難民〔註41〕	男		24	父母俱在，娶妻未生子	未圓關		入會吃菜一年半
林先〔註42〕	男		21	父母俱在，未婚	未圓關		入會吃菜半年
葉明日〔註43〕	男	普金	53	父母俱故，娶妻生有一子	已圓關		入會吃菜八個月
陳侵贖〔註44〕	男	普友	26	父母俱在，娶妻未生子女	已圓關		入會吃菜四個月

〔註35〕 〈劉詳興供詞〉，《教務教案檔》第五輯，前引書，頁 2023～2024。
〔註36〕 〈鄭淮供詞〉，《教務教案檔》第五輯，前引書，頁 2025～2026。
〔註37〕 〈杜朱衣供詞〉，《教務教案檔》第五輯，前引書，頁 2026～2027。
〔註38〕 〈張濤供詞〉，《教務教案檔》第五輯，前引書，頁 2027～2028。
〔註39〕 〈柳久速供詞〉，《教務教案檔》第五輯，前引書，頁 2028～2029。
〔註40〕 〈陳番仔供詞〉，《教務教案檔》第五輯，前引書，頁 2029～2030。
〔註41〕 〈林難民供詞〉，《教務教案檔》第五輯，前引書，頁 2030～2031。
〔註42〕 〈林先供詞〉，《教務教案檔》第五輯，前引書，頁 2031～2032。
〔註43〕 〈葉明日供詞〉，《教務教案檔》第五輯，前引書，頁 2032～2033。
〔註44〕 〈陳侵贖供詞〉，《教務教案檔》第五輯，前引書，頁 2033～2034。

戴奴堂〔註45〕	男		24	父母俱在，娶妻未生子女	未圓關		入會吃菜一年十個月
林詳興〔註46〕	男		47	父母妻俱故，無子女	已圓關	賣藥	入會吃菜八個月
葉蝴蚨〔註47〕	男	普改	23	父故母在，未婚	已圓關		入會吃菜七個月
姚八章〔註48〕	男		23	父母俱在，未婚	未圓關		入會吃菜十個月
謝開汰〔註49〕	男		25	父故母在，未婚	未圓關		入會吃菜半年
杜嫩弟〔註50〕	男		33	父母俱故，未婚	未圓關		入會吃菜一年七個月
顏清明〔註51〕	男		35	父故母在，未婚	未圓關		入會吃菜十個月
李高雪〔註52〕	男		33	父故母在，娶妻未生子女	未圓關		入會吃菜半年
黃嫩弟〔註53〕	男	普一	25	父故母在，獨子未婚	已圓關		入會吃菜一個月
許增輝〔註54〕	男		30	父母俱在，娶妻生在一女			入會吃菜四個月
葉明容〔註55〕	男		22	父母俱在，娶妻未生子女			入會吃菜十個月
江進傳〔註56〕	男		28	父母俱在，娶妻生有一子	未圓關		入會吃菜四個月
顏棕鏡〔註57〕	男	普郎	45	父故母在，娶妻生有一子	已圓關		入會吃菜八個月

〔註45〕〈戴奴堂供詞〉，《教務教案檔》第五輯，前引書，頁 2034～2035。
〔註46〕〈林詳興供詞〉，《教務教案檔》第五輯，前引書，頁 2035～2036。
〔註47〕〈葉蝴蝶供詞〉，《教務教案檔》第五輯，前引書，頁 2036～2037
〔註48〕〈姚八章供詞〉，《教務教案檔》第五輯，前引書，頁 2037～2038。
〔註49〕〈謝開汰供詞〉，《教務教案檔》第五輯，前引書，頁 2038～2039。
〔註50〕〈杜嫩弟供詞〉，《教務教案檔》第五輯，前引書，頁 2039～2030。
〔註51〕〈顏清明供詞〉，《教務教案檔》第五輯，前引書，頁 2040～2041。
〔註52〕〈李高雪供詞〉，《教務教案檔》第五輯，前引書，頁 2041～2042。
〔註53〕〈黃嫩弟供詞〉，《教務教案檔》第五輯，前引書，頁 2042～2043。
〔註54〕〈許增輝供詞〉，《教務教案檔》第五輯，前引書，頁 2043～2044。
〔註55〕〈葉明容供詞〉，《教務教案檔》第五輯，前引書，頁 2044～2045。
〔註56〕〈江進傳供詞〉，《教務教案檔》第五輯，前引書，頁 2045～2046。
〔註57〕〈顏棕鏡供詞〉，《教務教案檔》第五輯，前引書，頁 2046～2047。

鄭華 〔註58〕	男	普德	41	父母俱故，未婚	已圓關		入會吃菜九個月
湯春 〔註59〕	男	普時	41	父母俱故，娶妻生有一子	已圓關		入會吃菜四年多
陳開亮 〔註60〕	男		25	父故母在，未婚	未圓關		入會吃菜半年
陳棕澤 〔註61〕	男		21	父故母在，未婚	未圓關		入會吃菜半年
胡先波 〔註62〕	男		51	父母俱在，未婚	未圓關		入會吃菜一個月
戴孟煮 〔註63〕	男		38	父母俱在，未婚	未圓關		入會吃菜八個月
吳培仔 〔註64〕	男		34	父故母在，未婚	未圓關		入會吃菜九年多
林矗 〔註65〕	男		39	父母俱故，未婚			
林如 〔註66〕	男		35	父母俱故，未婚	未圓關		入會吃菜四個月
林阿珀 〔註67〕	男		37	父故母在，未婚	未圓關		入會吃菜半年
謝愐松 〔註68〕	男	普秀	37	父在母故，未婚	已圓關		入會吃菜半年
周能挑 〔註69〕	男	普覺	51	父母俱在，娶妻生有二子	已圓關		入會吃菜一年半
林弟仔 〔註70〕	男		32	父母俱在，未婚	未圓關		入會吃菜半年

〔註58〕　〈鄭華供詞〉，《教務教案檔》第五輯，前引書，頁2047～2048。
〔註59〕　〈湯春供詞〉，《教務教案檔》第五輯，前引書，頁2048～2049。
〔註60〕　〈陳開亮供詞〉，《教務教案檔》第五輯，前引書，頁2049～2050。
〔註61〕　〈陳棕澤供詞〉，《教務教案檔》第五輯，前引書，頁2050～2051。
〔註62〕　〈胡先波供詞〉，《教務教案檔》第五輯，前引書，頁2051。
〔註63〕　〈戴孟煮供詞〉，《教務教案檔》第五輯，前引書，頁2051～2052。
〔註64〕　〈吳培仔供詞〉，《教務教案檔》第五輯，前引書，頁2052～2053。
〔註65〕　〈林矗供詞〉，《教務教案檔》第五輯，前引書，頁2053～2054。
〔註66〕　〈林如供詞〉，《教務教案檔》第五輯，前引書，頁2054～2055。
〔註67〕　〈林阿珀供詞〉，《教務教案檔》第五輯，前引書，頁2055～2056。
〔註68〕　〈謝愐松供詞〉，《教務教案檔》第五輯，前引書，頁2056。
〔註69〕　〈周能挑供詞〉，《教務教案檔》第五輯，前引書，頁2057。

易王能〔註71〕	男	普台	34	父母俱故，娶妻生有一子	已圓關		入會吃菜十個月
戴日進〔註72〕	男	普東	46	父母俱故，未婚	已圓關		入會吃菜三年多
王証幅〔註73〕	男	普前	34	父在母故，娶妻生有一女	已圓關		入會吃菜三年多
葉述明〔註74〕	男		44	父母俱故，未婚	已圓關		入會吃菜二年多
鄭花〔註75〕	男		29	父母俱故，未婚	未圓關		入會吃菜十個月
蕭雲〔註76〕	男	普安	35	父母俱故，娶妻未生子女	已圓關		入會吃菜七個月
江賊婆〔註77〕	男		52	父母俱故，未婚	未圓關		入會吃菜八個月
周良田〔註78〕	男		28	父故母在，娶妻生有一子	未圓關		入會吃菜二個月
連孔方〔註79〕	男		64	父母俱故，未婚	未圓關		入會吃菜四個月
戴昌拔〔註80〕	男		26	父母俱在，未婚	未圓關		入會吃菜一年四個月
葉阿囊〔註81〕	男	普拏	29	父在母故，娶妻生子	已圓關		入會吃菜七個月

　　以上所列名單，是古田縣齋教會的主要成員，共計47人，全是男性，平均年齡為35歲，可說正值有為的青壯年。這些成員除了少數幾位入會時間較長，七成以上是不滿一年的新會員，應是古田縣近年來，受外來鴉片煙害影響，所大量發展的新會員。就這些成員的家庭背景來看，有三分之二以上（32

〔註70〕　〈林弟仔供詞〉，《教務教案檔》第五輯，前引書，頁2057～2058。
〔註71〕　〈易王能供詞〉，《教務教案檔》第五輯，前引書，頁2059～2030。
〔註72〕　〈戴日進供詞〉，《教務教案檔》第五輯，前引書，頁2058～2059。
〔註73〕　〈王証福供詞〉，《教務教案檔》第五輯，前引書，頁2060。
〔註74〕　〈葉述明供詞〉，《教務教案檔》第五輯，前引書，頁2060～2061。
〔註75〕　〈鄭花供詞〉，《教務教案檔》第五輯，前引書，頁2061～2062。
〔註76〕　〈蕭雲供詞〉，《教務教案檔》第五輯，前引書，頁2062～2063。
〔註77〕　〈江賊婆供詞〉，《教務教案檔》第五輯，前引書，頁2063～2064。
〔註78〕　〈周良田供詞〉，《教務教案檔》第五輯，前引書，頁2064。
〔註79〕　〈連孔方供詞〉，《教務教案檔》第五輯，前引書，頁2064～2065。
〔註80〕　〈戴昌拔供詞〉，《教務教案檔》第五輯，前引書，頁2065～2066。
〔註81〕　〈葉阿囊供詞〉，《教務教案檔》第五輯，前引書，頁2066～2067。

人）是家庭有變故，其中父母俱故最多，約佔一半，或父故或母故者有 13 人。可見平均年齡不高，但父母已俱故者，在齋教會中佔有很高的比例。是否這些家遭變故者，較易加入齋教會，有待進一步的比較分析。

普遍看來，古田的齋教徒眾甚多，但大多資歷不深，對教義的了解一定也不足，之所以會大量加入齋教會，勢必與齋教會所提倡"戒煙吃齋"的教義有關。而當時的社會背景，潛在的衝突是存在於齋教與天主教民之間。

第四節　小　結

綜上所述，清末發生在福建的"華山教案"，雖然只是眾多教案中的一例，但其特殊之處，在於是齋教與天主教民的衝突。福建的齋教早在天主教未傳入前，即是廣為流行於民間的一種秘密宗教，它向來被清政府視為是社會的亂源，成為極力取締的對象。乾隆十三年（1748），發生在福建的"老官齋教案"，就是一個典型的例證。但這次的華山教案，清政府在處理的作法及態度上，顯然與過去清政府在處理秘密宗教的方式，有很大的差異性。就上述的分析，有以下幾點提出探討：

其一，就華山教案的衝突點而言，實導因於當地齋教會提倡"戒煙吃齋"所致。由於當時古田縣的鴉片煙盛行，齋教會的戒煙主張，很能得到民眾的認同，因而加入齋會的人就愈多。人多勢眾後，漸形成民間的一股力量，足以和賣鴉片者及教民相抗衡，潛在的衝突性也就日益明顯，終至引爆華山教案。

其二，「持齋吃素」，原本就是明清以來民間秘密宗教的一項特徵，源於羅教的江南齋教，便是極力奉行吃素齋戒的一群。清政府一直對民間那些非出家人，但卻吃素齋戒者，存有戒心，在檔案中統稱為「齋匪」。這次的教案，和以往清政府對齋教徒的取締不同，因為是齋民與教民衝突後的處理，清政府處理的態度及作法，顯然和以往單純取締齋教徒不同。大致上，清政府是採息事寧人的作法，雖嚴懲為首者，但對其餘眾多的齋民，則盡量給予保護。當調查團提出捉拿二百多位齋教徒的名單時，清政府最後也才逮捕四十多人，其中就地正法者二十多人。整個處理的過程，可看出清政府有盡量在保護齋民，另一大部份參與此事，但未進入行兇或行搶者，最後僅是「出示曉諭，勒令開葷從善」了事。〔註82〕相較於以往取締民間秘密宗教的作法，實

〔註82〕〈邊寶泉奏摺〉，《教務教案檔》第五輯，前引書，頁 2068。

有相當的寬容性。

其三，自清末解除天主教禁令後，基督教、天主教傳教士，大量進入中國各地傳教。逐漸形成教民與非教民之間的矛盾與衝突，在後來層出不窮的教案中，有關民間秘密社會或秘密宗教與天主教民間的衝突，實有必要作進一步的探討。義和團事變的發生，一般認為與山東一帶，長久以來的秘密宗教結社盛行有關，尤其是秘密宗教區分為文、武系統中的"武"系統，有更直接的關連。〔註 83〕就華山教案來看，秘密宗教與教民的衝突，有更多的因素是起於彼此利益衝突和教義觀念上的差異所致。當然，其中多少也有排外的民族情緒在內，但這是一般非齋教者也會有的共通特性，故不能視為此事件的特定因素。齋教徒是屬於"文"系統的教派，本身以素食齋戒修行為主，不提倡練功健身，因此並非激進型的教派，不應和其後發生於北京的義和團事件等同視之。所以華山教案所呈現的問題，應該是另一項值得深思的衝突因素。

此外，本文還有許多問題有待進一步作延伸性的探討。江南齋教是明清以來秘密宗教的一支，尚有很多不同名目的秘密教派，他們在這段時期有無類似的現象發生，可作更全面性的比較分析。而民間秘密宗教大多奉行齋戒素食，他們是一些戴髮修行的"吃菜人"，在鄉民社會中扮演何種角色，及產生什麼樣的影響。官方政府、士紳、知識份子、一般人民、教民等方面，對吃菜人的看法又是如何？這些也都有待進一步的探討。

〔註 83〕Joseph W.Esherick "The Origins of The Boxer Uprising" University of California Press,1987 pp45～58。

第七章 教派齋戒活動的社會影響

前述有關民間秘密宗教的教義中，普遍存在著齋戒的觀念，並且都強調吃齋戒殺的重要性，視為入門修道的第一步。因此，許多民間宗教的信奉者，皆成了地方上的吃齋人，這些吃齋人漸在地方上形成一個吃齋的教團，它對鄉民社會產生什麼樣的互動關係，扮演怎樣的社會功能，官方又是如何處置這些教團，皆是本章所主要探討的問題。

第一節 教派吃齋者的社會人際網絡

從清代民間秘密宗教的盛行來看，清代的民間社會，應存在著不少的素食團體，其中尤以明正德年間所創立的羅教，及其沿生的支派，所奉行的齋戒素食最為徹底。這些被稱為"齋公"的吃素道人，廣泛存在於下層的鄉民社會，他們有其特殊的人際網絡，並扮演著某種社會的角色與功能，對社會產生相當的影響力，這些都是值得關注的問題。

一、人際關係的區隔化

一個人一但開始持戒吃齋，則他原本的交際應酬圈立刻會受到影響，他的人際關係也會開始轉變，這可說成是一種人際關係的"區隔化"現象。由於在吃方面與人不同，許多原本常有的應酬就不再參加，轉而與相同吃齋的道友相結合，形成一個特定的生活圈，圈內的人都有一個基本的前提，就是同為吃齋的人，這種人際關係的區隔化，是在一個人決定受戒持齋時開始。宋光宇在宜蘭、汐止、南港一帶作田野調查時，也發現當地的一貫道信徒，成為吃齋人之後，也有類似的現象。所以他認為：「吃素這件事情絕不是單純的不食葷腥而已，而是涉及到一套生活行為和社交活動的截然轉變。」〔註1〕

清代的民間宗教盛行，教派眾多，其中絕大部份是嚴格奉行著吃齋修行，以清道光年間，教案最多的青蓮教為例，教徒常要誦念的《佛說皇極金丹九蓮證性皈真寶卷》，其中即明白說：「假知識葷不葷來素不素，吃酒吃肉得成佛，連我心中也糊突。」〔註2〕又說：「勸君急早入中央，生死臨岐空自忙；看嘆凡夫心不古，貪圖口味宰豬羊；終朝只為兒合女，不愁赤手見閻王。」〔註3〕意思是要教徒早早決定，要葷要素須有所劃分。因為民間宗教者十之八九皆主張吃齋修行，所以清政府為了防止這些教門傳播，自然是不許人民無故吃齋。除了那些和尚、尼姑及道士等方外之人，被認定可以吃齋修行外，一般的老百姓如果持長齋，很可能就會被官方認為是與那些密秘教門有關。這種來自官方對吃齋者的壓力，也是促成吃齋者人際關係區隔化的因素之一。不過吃齋的修道人，在地方一般人的心目中，是否會受到排斥呢？嘉慶十九年的一則教案口供中提到：

> 十一年正月間，王紹英因前妻病故，欲行續娶，適有延拴子之女延氏，先嫁陳小福為妻，陳小福因貧不能養贍，王紹英憑延克伸為媒，用財禮銀九十兩娶延氏為繼室。王延氏因王紹英不食蔥蒜，向其查問。王紹英將伊世代吃齋傳教之言告述，並勸令入教，王氏未允，王紹英旋即回籍。……迨十三年，王紹英復至陽城，因延氏尚無生育，又勸其入教求福，王延氏應允。〔註4〕

顯然吃齋者很容易在日常生活上，由於飲食習慣的改變，而影響到他的人際網絡。因為飲食起居是生活中最重要的一部份，中國人不論是居家或是人際網絡的建立，都與飲食有關。一個人一但改變自己的飲食為吃齋，馬上就影響到他的人際網絡，更何況“吃齋信邪教”是清政府所極力禁止的，於是所有的親朋好友，都有可能因不能認同而害怕與你接觸。以上述的王延氏為例，初改嫁王紹英時，亦不認同王紹英吃齋信教的作法，後來因王延氏尚無生育，

〔註1〕 宋光宇，〈一個移植的教派：一貫道在宜蘭、汐止、南港一帶的發展（1950～1999）〉，第八屆中國海洋發展史學術研討會論文，2000年3月31日，頁16。

〔註2〕 《佛說皇極金丹九蓮證性皈真寶卷》收錄於王見川、林萬傳主編《明清民間宗教經卷文獻》第五冊，頁119。

〔註3〕 《佛說皇極金丹九蓮證性皈真寶卷》，前引書，頁131。

〔註4〕 《清代檔案史料叢編》第三輯，（北京：中華書局出版，1997年11月），頁2。

為此在先生的說服下也入教吃齋求福。如此的改變，立刻招致村人的議論，根據王紹英的口供說：「王延氏委無傳教收徒情事，因王延氏先嫁陳小福時，衣服藍縷，後嫁伊為妻，布衣整齊，且不食蔥蒜，以致招村人紛紛議論等語。」〔註5〕既招致村人的議論紛紛，可見一般的村民，對吃齋的人有特別的看法。

　　然而，根據檔案的記載來看，一般民間對"吃齋"還是有相當的認同度，比較有顧忌的是"信教傳徒"的問題。山西巡撫衡齡，在奏報王紹英一案時就說：「惟時鄉間男婦有願吃齋求福，療病求子，不願入教者，王紹英衹得受齋供錢自三、五十文至三、二百文不等。」〔註6〕鄉間這些為求福報，或治病求子而吃齋，奉獻齋供的人有多少呢？衡齡在鳳台、陽城二縣調查後的回報是：「查此案內，僅止聽從吃齋，給予齋供錢文，並未習教之男婦人等，為數不少。奴才當飭鳳台、陽城二縣，親脂四鄉，細加確查，並懇切開導。」〔註7〕清政府發現民間的吃齋風尚，多數是由民間的秘密教派所帶動，受和尚、尼姑、道士等修道人的影響不大，如此反令地方政府更為擔心。於是巡撫衡齡乃要求縣官必須澈底清查，務令吃齋者改悔吃葷，為了證明其悔改情形，衡齡令該縣「復當面與以葷腥之物，共相取食，目擊情形，實系一律改悔，並飭造改悔男婦冊，取具鄉地甘結，由縣加結，呈送前來。奴才復摘提數人，確加查訊其改悔情形，與該縣等所訊相同。」〔註8〕由此大費周章的審訊具結，目的在確保縣內沒人吃齋，可見清政府對民間吃齋者的顧忌很深。

　　在這樣的情況下，鄉民間的吃齋者，自成一種特殊的人際網絡。一方面既是官方所忌諱取締的對象，又在民間扮演著某種特殊的社會功能。以道光七年三月間，在四川華陽縣屬新街，擺攤算命營生的楊守一為例。楊守一是流行於民國三、四〇年代的一貫道第十三代祖師，〔註9〕平時他以茹素念經、坐功運氣、替人算命為生。後來就有街民徐繼蘭、蔣玉章、余青芳等人，因楊守一推算命理頗驗，就常相往來，並拜楊守一為師，學習打坐運氣、茹素念經。道光七年五月初，有貴州龍里縣人袁無欺來楊守一鋪內算命，由於楊所言多中，袁無欺也常來坐談。袁無欺是青蓮教第十二代祖，楊守一對袁所

〔註5〕　《清代檔案史料叢編》第三輯，（北京：中華書局出版，1997年11月），頁4。
〔註6〕　《清代檔案史料叢編》第三輯，（北京：中華書局出版，1997年11月），頁2。
〔註7〕　《清代檔案史料叢編》第三輯，（北京：中華書局出版，1997年11月），頁5。
〔註8〕　《清代檔案史料叢編》第三輯，（北京：中華書局出版，1997年11月），頁6。
〔註9〕　孚中，《一貫道發展史》，第貳章〈一貫道溯源〉，（台北：正一善書，1999年3月）。

言道理及開示眞經頗爲信服，於是連同常來楊守一鋪內的徐繼蘭等人，一同拜袁無欺爲師。袁離開後，楊守一等人就在地方上組成一個茹素誦經，禮拜青華老祖及無生老母的"報恩會"。利用每月的初一、十五辦供作會念經，所念的經卷爲《報答父母恩經》，參加的每人給楊一、二百文至一千文不等，隨後沒多久，即被官方查禁。〔註 10〕由這個案例可以了解，吃齋念經者，結成特定的教團，在地方上利用辦供作會的方式，傳習宗教活動，這是不爲清政府所許可的。

同樣的情形，在道光 25 年間，廣西巡撫周之琦也奏稱：境內有「四川人鄧姓等，於上年秋間來省行醫、算命、勸人吃素，業已潛逃。」〔註 11〕鄧姓指的是青蓮教徒鄧依眞、鄧良玉兩人，他們和許多青蓮教徒一樣，常藉算命或醫病的方式，傳教勸人吃齋。青蓮教是道光朝較大的一個教派，它的發展很快，傳播也很廣。加入青蓮教信徒幾乎都會吃齋茹素，這是其主要特點，由此也令信教者的人際關係產生區隔化，凡是立愿吃齋者，就不大可能會離開青蓮教。

二、人際網絡的建立

民間宗教的信奉者，藉著傳教收徒的方式，以傳者爲核心建立起一個特殊的人際網絡。乾隆十三年間，在山西長治縣北關村的一個廟會，信奉混沌教的馮進京，在那裡擺攤子賣針，遇上同在一處擺攤賣烏綾的王會。根據馮進京的口供說：

> 王會是直隸沙河縣人，同在一處擺攤，說起他是吃齋的人，他因有病，小的說會治病，還有老師傳傳的妙法。初三日散會了，就一同到小的家，小的領他在神前磕頭，就將運氣念無字眞經的法子教他，說做成了有效驗，將來可以成佛作祖。他替小的磕一個頭，小的又教他要三皈五戒才得成正果，一皈佛、二皈法、三皈僧，一戒不殺牲、二戒不偷盜、三戒不邪淫、四戒暈酒、五戒不誑語。又將張公祖、王奉祿傳的偈教他，他就十分信服。〔註12〕

〔註10〕〈軍機處月摺包〉，第 60885 號，道光 8 年 6 月 16 日。
〔註11〕〈宮中檔道光朝奏摺〉，道光 25 年 4 月 28 日，周之琦摺。
〔註12〕中國人民大學歷史系、中國第一歷史檔案館合編，《清代農民戰爭史資料選編》第三冊（北京：中國人民大學出版社，1991 年 6 月），頁 271。

馮進京是在他三十多歲時，拜村裡人王奉祿爲師。王奉祿是位信教吃齋的道人，平時以勸人"吃齋說偈"的方式，吸收信徒。馮拜他爲師時，王傳給馮的偈語是：「化言化語化良人，同進天宮證佛身，修行圓滿正果位，勝積寶貝共黃金。」又四句：「清涼廳上好歡喜，我下靈山暗吊賢，天生慈悲加生意，要分三乘也不難。」〔註13〕王奉祿所傳習的教門，是由村裡的另一位張進斗所傳，張被稱爲張公祖，可見張進斗是最先在這村裡傳道的人。由張公祖所傳下的信徒愈傳愈多，王會算是第四代，後來，王會也開始傳徒，並陸續引人到馮進京處拜師。此時，村裡的傳道工作是以馮進京負責接替，於是漸形成一個以馮進京爲首的信教吃齋團體。這群人在乾隆十八年的官方取締中被捕。

　　一但傳教收徒，就漸漸形成一群同質性的吃齋團体，因而引來官方的注意，甚至進抓。所以有的人信教吃齋，就自家人默默的在家裡吃齋修行，不隨便讓外人知道。馮進京的第二兄弟，就是典型的例子，根據馮進京的口供說：

> 小的第二兄弟跟著小的父親吃長齋，他每日在佛前供清茶一杯，吃
> 著飲食也要供佛，並不同小的一教。他不收徒弟、不傳經卷，只是
> 自己修齋。〔註14〕

清政府對於實止茹素燒香、拜佛念經，止圖邀福，並未拜師傳徒，亦不知邪教名目者，是可以允許的。此外，同在馮進京這個吃齋信教的團體中，有一位七十四歲的曹茂臣，他的情況比較特殊，曹從小就是胎裡素，謂之天戒不吃葷。雍正六年間，經司禮引進就拜馮進京爲師。〔註15〕

　　道光十二年間，清政府在順天府三河縣一帶，查獲有信奉混元紅陽教的吃齋人張景山，在地方上以張爲首有一群吃齋信教的人。根據張景山的口供說：

> 伊早年拜劉仲玉爲師，入混元教喫齋念經，並代人治病。嘉慶十七
> 年六月間，劉仲玉囑伊接管教務，伊應允，將混元老祖神像及經卷
> 等物領回供奉。彼時同教有孫文士帶領眾人行禮，名爲領眾；孫文
> 志經理上供香燭，名爲壇主；楊俊陳設經卷，名爲經主；段明楊約
> 束眾人，名爲管眾；尹廷樞管教眾人喫齋，名爲調眾；陳顯旺買辦
> 祭品，名爲供主；段龐舜催人辦供，名爲催眾。至蕭呈、王幗璽，

〔註13〕中國人民大學歷史系、中國第一歷史檔案館合編，《清代農民戰爭史資料選編》
　　　　第三冊（北京：中國人民大學出版社，1991年6月），頁270。
〔註14〕《清代農民戰爭史資料選編》第三冊，前引書，頁273。
〔註15〕《清代農民戰爭史資料選編》第三冊，前引書，頁275。

因家計充裕，每逢無力之人上供，均係兩家墊辦，名爲大乘會首，
取承擔大眾之意。〔註16〕

可知這一群吃齋信紅陽教的人，是相當有組織的團體，內部分工很細，有領
眾、壇主、經主、管眾、調眾、供主、催供等職稱，顯然是配合平時，上供
拜佛念經吃齋時的運作需要而設。

道光二十五年間，官方在雲南查獲一群以婦女爲主，名爲“清淨道”的
吃齋念佛團體。根據雲南巡撫吳其濬的奏報：

該府縣擎獲習教傳徒之陸孫氏等，當即督同嚴加訊詰。據供各因許
願喫齋念佛，街鄰婦女漸相聯結，因名清淨道。每逢會期，俱來禮
拜，各出錢數十文不等，並無不法等事。〔註17〕

雲南巡撫吳其濬也說：「雲南風俗素敬釋道，各寺燒香禮佛，實爲繁盛。」
〔註18〕所以在地方上，只要有人起來號召念佛吃齋，很容易就得到別人的
共鳴。上述的清淨道，較特殊之處是以婦女爲主的吃齋念佛體團，經官方的
詳細究訊，查出是由四川敍州人林依秘所傳入，也算是青蓮教的系統。

三、設庵堂、齋堂集體作會吃齋

秘密宗教信徒，勸人吃齋信教最有效的方式，莫過於設立庵堂、經堂或
齋堂之類的聚會處所，藉此來舉辦各項酬神作會念經吃齋的大型活動。通常
是以可消災祈福爲由，吸引地方上的人，不論是否入教皆可來參與。由於庵
堂、齋堂外觀看起來像一般廟寺，官方一時也不易查覺，所以很方便推展活
動，這方以羅教最爲成功。

乾隆三十三年（1768），清政府在江蘇查獲主守羅教經堂的出家人性海，
除了供出江蘇一帶有無爲教經堂外，也供出在杭州孔聖橋一帶有錢庵、翁庵、
潘庵等三處羅教的庵堂。〔註19〕官方派員前去追查的結果，並未見有孔聖橋，
之後才在北新關外拱宸橋一帶，查獲許多不僧不俗的廟宇，俱係供奉羅教、
羅經。所查到的羅教庵堂有：〔註20〕

〔註16〕《上諭檔》（方本），道光 12 年 6 月 6 日，頁 50～51。
〔註17〕〈宮中檔道光朝奏摺〉，道光 25 年 4 月 19 日，吳其濬摺。
〔註18〕同註48。
〔註19〕《史料旬刊》第十二輯，〈羅教案〉，乾隆三十三年九月十日，永德摺，頁天 404。
〔註20〕《史料旬刊》第十二輯，同上註，頁 404～405。

庵　　堂	地　　點	主　持　人
李庵	杭州北新關外拱宸橋	劉天元
劉庵	杭州北新關外拱宸橋	丁天佑
老庵（即錢庵）	杭州北新關外拱宸橋	朱光輝
萬庵（即翁庵）	杭州北新關外拱宸橋	唐潮
王庵（即潘庵）	杭州北新關外拱宸橋	王世洪
陸雲庵	杭州北新關外拱宸橋	繆世選
八仙珠庵	杭州北新關外拱宸橋	仲壽成
周庵	杭州北新關外拱宸橋	韓德山
李庵	杭州北新關外拱宸橋	李應選
王庵	杭州北新關外拱宸橋	周成龍
虞庵	杭州北新關外拱宸橋	虞少亭
清涼庵	杭州北新關外拱宸橋	高萬成
滾盤珠庵	杭州北新關外拱宸橋	陳起鳳
劉庵	杭州北新關外拱宸橋	宋起文
李庵	杭州北新關外拱宸橋	李文
閻庵	杭州北新關外拱宸橋	沈世榮
石庵	杭州北新關外拱宸橋	吳吉士
劉庵	杭州北新關外拱宸橋	楊欽
章庵	杭州北新關外拱宸橋	載成武
黃庵	杭州北新關外拱宸橋	黃裔祠
彭庵	杭州北新關外拱宸橋	彭應葵
王庵	杭州北新關外拱宸橋	丁文學
劉庵	杭州北新關外拱宸橋	張國柱
何庵	杭州北新關外拱宸橋	

　　以上是在杭州北新關外的庵堂，有列出來的二十四處，實際在檔案中所載，以前多時達七十多處，到乾隆三十三年間還有三十多處。這些羅教的庵堂，主要是由錢庵、翁庵、潘庵三支庵堂所分出，尤其是錢庵，最為資深，被稱為"老庵"。這些分出的支庵，初成立時，多以負責的庵主姓氏來命名，少數是以地名來稱呼。

　　這次清政府在杭州北新關一帶，查獲的三十多處羅教庵堂，經詳加審訊後，對羅教庵堂的活動，有了較清楚的了解。這三十多處的庵堂，主要是提供給回空的漕運水手存頓之所，這些水手多為信奉羅教的信徒，庵堂正好成為他們的聚會場所，提供休息之處，及作會吃齋念經酬神等的宗教活動。所以一間庵堂的經營，和這些漕運水手有密切的關係。根據檔案的記載來看，每一間庵堂皆有一至二位的年老長者看守，這些老者多是退下來的老水手，且是虔誠的羅教信徒，平時在庵堂內吃齋修行，所以又被稱為「老官」。通常這些庵堂的四周，皆有餘地供給留守的老官耕種，以資糊口。等到漕運船回期時，庵堂就成為水手們棲息之處。閩浙總督崔應奏稱：

> 每年糧船回空水手人等，內有無處傭趁者，即赴各庵寓歇。守庵之
> 人墊給飯食，俟重運將開，水手得有傭價，即計日償錢，藉沾微利。
> 其各庵藉寓之水手，亦不盡歸羅教之人，而每年平安回次，則各出
> 銀五分，置備香燭素供，在庵酬神。向來守庵之人，是日念經數卷，
> 其水手中歸教念經者，亦即隨之如守庵之人。不會念經則惟與水手
> 人等，焚香禮拜，別無夜聚曉散及煽惑民人之事。〔註21〕

可以說，庵堂就像是客棧，提供給水手們棲息的處所，等船運將開時，再依住宿的天數，按日計價給錢，一天是給多少錢，檔案中沒有清楚的記載。其次，為了感謝神佛的保佑，讓這一趟的漕運順利平安，會利用這段休息的空檔，在庵堂內作會念經酬神，法會結束時，大家吃頓齋宴而散。所需費用由參加的人分擔，如上述是各出銀五分。如果是每人出銀五分，想必是一筆不小的數目，可以辦一場很盛大的酬神法會，除了焚香念經禮拜等的主要活動外，齋宴是最主要有的一項。藉這種熱鬧的大拜拜活動，凝聚信徒的向心力，同時也可吸收一些新的信徒。

此外，漕運水手的工錢，也是利用這段回空的時候發給。根據《漕運則例纂》記載：「嘉白等十幫，重運頭工銀六兩五錢，舵工銀五兩三錢，水手每名四兩」，回空時「舵工銀一兩七錢，水手每名銀一兩三錢。」〔註22〕一年來回各一次，加起來一名水手的待遇是五兩三錢銀子，可說相當微薄。一次回空下來，在庵堂的棲息與作會念經酬神的費用，恐怕也要花費不少。因此，庵堂和水手之間有著密切的關係，藉著羅教信仰的凝聚力，庵堂成為漕運水手的聚點，水手則是庵堂的主要經濟來源。水手老了退休下來，如果沒有家庭，可以住進庵堂養老，虔心信奉羅教，精神上有所寄託，死後也可葬在庵

〔註21〕《史料旬刊》第十二輯，乾隆三十三年十一月三十日，崔應階摺。
〔註22〕楊錫紱，《漕運則例纂》卷九，〈舵手身工〉。

堂邊的義塚，所以兩者可說相輔相成。於是，以庵堂為核心，就形成一個特定的吃齋教團。

乾隆皇帝雖篤信佛教，每年四月八日的浴佛節，乾隆皇帝會親自吃素齋戒。四月初，乾隆皇帝即親下諭旨，規定四月初七日起，后妃止葷添素。宮內各處佛堂，都要供上素菜五品，素菜有卷籤、山藥、麵筋、香蕈、鍋渣等五種。〔註23〕但對這次查獲的眾多吃齋作會的庵堂，乾隆皇帝卻是毫不留情，下令「悉行拆毀，其基地及種植桑麻菜蔬地畝，並從前坍廢庵基內，除葬有墳塚外，其餘一概入官變價充公，仍出示曉諭，如有崇奉羅教及大乘教之人，速即自行首報，如敢隱匿，查出重治其罪以絕根株。」〔註24〕顯然乾隆皇帝相當重視這次的查處，諭令要嚴格的執行禁令，以根絕後患。

第二節　民間齋戒信仰的社會功能

一、吃齋修來世福

這是下層民間社會，對吃齋最普遍能接受的觀念，認為"吃齋"是一件積功德的事。因此，民間秘密宗教就常利用這種觀念，勸人吃齋修福。前述於乾隆年間，官方在山西長治縣，逮捕到以信奉混沌教為首的馮進京。其中一位叫司禮的口供就說：「小的是長治縣西坡村人，五十六歲了，是氈匠手藝。雍正五年春間有個杜三勸小的吃齋，說修個來生好處，世上騎騾騎馬的人都是前生修來的。」〔註25〕

以吃齋修來世福為由來傳教，似乎有其吸引力。另有以消災邀福為號召者，更具有說服力。清道光十四年，官方破獲一個紅陽教的吃齋誦經的團體，自嘉慶年間以來，就在鄉里間以吃齋看香治病為由傳教授徒。根據直隸總督琦善的奏報：

> 嘉慶年間，劉起旺、劉文富、劉幗興、曾亮公、王進和、劉名山或
> 因己病，或因親病，邀已故之玉田縣人董文魁、劉幅川、彭全一、

〔註23〕林榮澤，〈清代的齋戒制度〉，未刊稿，頁5。
〔註24〕《史料旬刊》第十二輯，〈羅教案〉，乾隆三十三年九月十日，永德摺，頁天410。
〔註25〕中國人民大學歷史系、中國第一歷史檔案館合編，《清代農民戰爭史資料選編》第三冊，頁274。

趙相全、王平諾、賈文平醫治。董文魁等素係紅陽教，茹素誦經，
妄稱可以消災邀福，與亦已身故之崔顯庭、丁良弼互相傳習，均以
授茶看香占病爲由，引誘愚民。因歷時已久，未知此教興自何人。
劉起旺等病愈後，隨聽信董文魁等之言，各自拜師習教。〔註26〕

以董文魁爲首的六人，在地方上以吃齋誦經、消災邀福、看香治病的方式，
經常舉行法會。若爲人治病，而有效治愈者，就勸令入教拜師，成爲吃齋習
教的一員。從嘉慶年間一直到道光十四年被取締時爲止，這群吃齋誦經的人，
在地方上有相常的功能性與影響力。

二、吃報恩齋

　　這在鄉民社會中是比較常見的現象，通常是家中有親人過世，或是有親
人生病，爲求病情早日康復，就去廟寺許願吃齋，果如所請時即依愿而行，
謂之「報恩齋」。清雍正年間，官方在江南一帶，追查糧船水手信奉羅教的情
形時，吃齋的水手孟有德因此被抓去審訊，孟有德在答審時說：「我父母早亡
過了，因我報答我父母養育的恩，吃過三年齋，所以眾人叫我道人，我並沒
有歸什麼教等語。」〔註27〕或許孟有德是爲了脫罪才如此說，但也由此可見，
當時清政府對民間非出家人吃齋者，有所顧忌且是不允許的。

　　雍正十三年，官方在查緝羅教時，抓到一位曾經吃齋的胡宗仁，他的供
詞也說：「小的父親死的早，母親叫小的吃了三年報恩齋。前年三年齋滿就開
了齋，久已吃葷的了，並不曾入教。」〔註28〕報恩齋，一般主要是回報親人
的養育之恩，認爲在世的人吃齋對死去的親人會有好處，可以得到福報。

　　另一種常見的許願吃齋情況，是有所求於神佛而吃齋。嘉慶二十年間，
官方在江南一帶查拿清茶門教時，根據方忠猷，又名方四海的口供說：他「排
行第四，年七十二歲，江西安義縣人，在漢口開香舖生理。因年老無子，許
愿吃齋，後生一子，名方義隆，現年十三歲。」〔註29〕一但如所求的達成愿
望，就以"吃齋"作爲報答的條件，這似乎顯示鄉民社會的觀念裡，吃齋被
看成是件神聖而有功德的事。根據湖廣總督馬慧裕的奏報說：

〔註26〕〈軍機處月摺包〉，第 068482 號，道光 14 年 7 月 6 日，琦善奏摺。
〔註27〕《史料旬刊》第二期（天 50），〈羅教案〉，雍正七年十月二十一日，史貽直摺。
〔註28〕《史料旬刊》第十一期 （天 375），〈安徽樵天三乘一會案〉，雍正十三年五月
　　　　十二日，趙弘恩、趙國麟摺。
〔註29〕《清代檔案史料叢編》第三輯，（北京：中華書局出版，1997 年 11 月），頁 16。

> 又訊據張壽太、楊大有，均與方四海所供相同。至戴佐典、徐定金，
> 再三究詰，堅供或因母病故吃齋三年，或因無子，許愿吃齋，後因
> 服滿生子，久已開齋，並沒拜人為師及傳徒的事。〔註30〕

或許是張壽太等人的脫罪之詞，說是因母病故，或因求子許愿而吃齋。但也
可據此觀察出一般民間的觀念，像這樣的想法和作法應是普遍被接受的。

三、吃齋念經治病

雍正十三年，官方在安徽南陵縣一帶查緝羅教時，發現了一個吃齋的教
團，帶頭者是位捐官的監生，叫潘玉衡，顯然是地方上的富有人家。從他的
祖父開始，即在地方上傳播羅教，教人在佛堂用滋粑供佛，所以也叫滋粑教
（又稱三乘會）。佛堂供的是彌勒佛，平時以作會吃齋念經為主，宣稱可以念
經治病，所以地方上常有來求念經治病的。平日常去潘家作會念經吃齋的人，
主要有夏公祥、夏公旭、夏玉三、王之惠等四人。〔註31〕根據夏公祥供稱：

> 小的哥子夏公旭，昔年在九華進香，遇著潘玉衡的老子潘茂芳，說
> 起哥子沒有兒子，就勸小的哥子吃長齋，留哥子在他家裡住，拿出
> 經來與哥子看，從此哥子就入他的教法，法名叫普根。小的在家是
> 跟著哥子吃齋，沒有法名，也沒有給潘玉衡種根銀子的。〔註32〕

顯然潘茂芳勸化夏公旭入教吃齋，是因為夏公旭沒有兒子，去九華山進香求
子時，潘勸他入教吃齋，或許是想借此修福求子。雍正八年三月初三日，夏
公祥第一次去到潘玉衡家念經，他說：

> 看見潘玉衡念經供的是彌勒佛，又叫笑羅漢。從上燈時念到五更時
> 候，將滋粑切開，男女各吃一大塊，吃畢各散去睡。女人往後樓去，
> 男人都在前樓歇，潘玉衡是在後樓歇的。大凡逢佛菩薩生日都來在
> 他家裡念經吃齋，有與他銀子或三錢或五錢，實是有的。〔註33〕

可見以潘玉衡為核心，在他家時常有一群同來念經吃齋作會的人，有時念經
一次要整夜到五更，參加念經的人就在潘家過夜。至於這些人之所以會來念

〔註30〕《清代檔案史料叢編》第三輯，（北京：中華書局出版，1997 年 11 月），頁
　　　　16。
〔註31〕《史料旬刊》第十一期（天 374），〈安徽檯天三乘一會案〉，雍正十三年五月
　　　　十二日，趙弘恩、趙國麟摺。
〔註32〕《史料旬刊》第十一期（天 375），同上註。
〔註33〕《史料旬刊》第十一期（天 375），同前註。

經吃齋，根據另一位常去潘玉衡家念經吃齋的夏玉三供稱：

> 舊年叔子害病要死，叫小的接潘玉衡來家念經。（雍正十三年）二月
> 十八日，小的同王之惠，跟著潘玉衡念了一夜經是實，平日小的跟
> 叔子往他家念經也是有的。去年小的去接潘玉衡，到他家看見有兩
> 個中年女人在他家，不曉得是什麼人，聽得是求潘玉衡念經治病的。
> 〔註34〕

一般民間相信吃齋的人念經才有效，潘玉衡平時就吃齋修行，以念經治病爲方式在地方上傳教，似乎也有不少人相信，由他來念經治病是有效的。所以經常會去請潘玉衡來念經，或是到他那裡去念經，甚至加入吃齋作會念經的行列，成爲地方上一個吃齋念經團，到處去爲人念經治病，賺點生活費，成了另外的一種行業。

然而官方對這樣的一個吃齋念經團體，卻看成是地方上的亂源，必須嚴加取締。江寧布政使李蘭就奏稱：

> 潘茂芳即潘千乘，宗習羅教，假捏三乘會名色，煽惑愚民，以療病
> 爲名，聚集男婦燃點巨蠟，以滋粑供佛，昏夜念經，念畢男女同飲
> 歇宿其家，淫穢備至，俗名滋粑教。愚夫愚婦被其蠱惑，遠近信從。
> 如合肥之巳故夏公旭等，南陵之王子玉等，宣城之董君瑞等，無爲
> 之王子開等，巢縣之榮德明等，銅陵之吳彬然等，各爲其徒，授以
> 法名。給以銀錢，名曰種根，以此誘取資財，怙惡已久。〔註35〕

顯然當時在其他地方，也有不少類似的吃齋團體，在地方上從事念經治病的活動。這類的活動在民間社會裡，有其事實上的需要，且從事念經的人又有銀錢可賺，難怪有不少人願意冒著生命危險來從事。

類似的情形，到道光年間，清政府在直隸一帶查獲有傳習紅陽教的辛存仁等人，以燒香拜菩薩吃"准提齋"爲名，在地方上爲人治病。早先是因辛存仁的母親牟氏久病不癒，於嘉慶十七年間，巧遇紅陽道人王慶環路過借宿，王慶環即傳授辛存仁念經治病之法，辛因而拜王爲師，學習紅陽教。常利用每月初一、十五在家中佛堂，燒香十二炷，誦讀經卷，禮拜菩薩牌位，上供吃齋，謂之"准提齋"，聲稱可以治病消災，吸引地方上不少的信眾。〔註36〕

〔註34〕 《史料旬刊》第十一期（天375），同前註。
〔註35〕 《史料旬刊》第十一期（天375），同前註。
〔註36〕 〈軍機處月摺包〉，第55254號，道光7年3月25日。

四、擺素供作會治病

後來在道光年間，清政府在直隸深澤縣、祁州一帶，查獲有紅陽教徒王洛增，在家安設佛堂，經常藉擺素供作會為人治病，在地方上吸收有不少的信徒。根據直隸總督琦善的奏報：

> 王洛增之故父王得玉，在日素習混元門，即紅陽教。不知傳自何人，學習盤坐功夫，藉畫茶治病，煽惑鄉愚，每月十四日做會一次。……其教仍按期在家擺供做會，同教之人有赴會者，各帶京錢一二百文不等作為香資。如邀其治病，令病人跪在佛前，王增洛向北燒香，將茶葉一撮供於桌上，用手掐訣代為祈禱口念，病人左首與中間如有涼氣，俱與醫治，右邊若有涼氣，即不與醫治，念畢，令將茶葉煎服。〔註37〕

王洛增平時吃齋念經修行，在地方上藉由擺供作會，為人治病的方式來吸引信眾，推展教務。族姪王胡椒的口供就說，他是常去王家幫忙做素供，尤其是做會為人治病時，所擺的素供常是由他所做。其他常去王家的信眾，多是因王洛增的畫茶治病有效而加入。〔註38〕

紅陽教，又稱弘陽教、混元門、混元紅陽教等名目，是由飄高祖師創於明萬曆二十二年（1594）。該教也尊奉羅祖為其前輩祖師，吸收了一些羅教的教義思想，所以也強調吃齋修行的重要。根據《弘陽苦功悟道經》中的記載，飄高祖自幼即每日燒香念佛、斷葷齋僧，長大之後發心修道，到處拜訪明師，終於悟道，並創立紅陽教。〔註39〕

同樣在直隸的玉田、遵化、薊州、寶坻等州縣，清政府也查獲有傳習紅陽教徒董文魁等人，素係紅陽教茹素誦經，妄稱可雨消災邀福。〔註40〕董文魁也是在家裡安設佛堂，平時在地方上以授茶看香治病為由，吸引鄉民入教。根據總督琦善奏稱：「授茶治病的方法，是擺素供作會燒香，用一撮茶葉供於桌上，跪誦真言是：虛空藥王到壇中，童子來下藥，急急落茶中等句，誦畢將茶葉在香上繞數轉，令病人用薑煎服，別無咒語。」〔註41〕這種擺素供燒香治病的情況，在民間秘密宗教中似乎頗為常見。道光十三年間，在河南南陽府唐縣，清

〔註37〕〈宮中檔道光朝奏摺〉第十二輯，道光18年1月26日，琦善奏摺。
〔註38〕〈宮中檔道光朝奏摺〉第十二輯，同上註。
〔註39〕詳見馬西沙、韓秉方，前引書，第九章〈弘陽教的淵源與變遷〉，頁489～491。
〔註40〕〈軍機處月摺包〉，68482號，道光14年7月6日，琦善摺。
〔註41〕〈軍機處月摺包〉，同註55。

政府也查到有載義等人，在王元亨的家裡，點著香燭，擺設素供，由載義主持禮拜儀式，一共有八、九人，一同傳習天竹教，說是可以"不患災病"。〔註42〕

除了江南齋教等羅教系統的齋堂，常有作會吃齋的活動外，紅陽教也常有燒香上供吃齋、念經治來的活動。道光十二年間，官方在直隸宛平縣廣安門外孟家莊，查獲紅陽教會首孟六等十多人，自嘉慶九年以來，就經常在地方上舉辦齋供念經。根據曹振鏞的奏報稱：

> 嘉慶九年間，孟六同妻楊氏、龐五同妻劉氏，並彭會、康四等均拜同村之谷老為師，入紅陽會。谷老家供有飄高老祖圖像，每年五月十七日、九月十七日，孟六等各出京錢一百餘文，送交谷老燒香上供吃齋，念誦源流經、明心懺各散。孟六、彭會、康四即在外為人治病念經，求佛祖看病下藥等語，用茶葉花椒等物給人煎服。〔註43〕

紅陽教徒平時也常有這些上供吃齋的活動，每年五月十七日、九月十七日，是紅陽教特定的作會日期，紅陽道人平日吃齋念經，也藉此為人治病，假藉神佛看病下藥，或用拜佛的茶葉當藥來煎服。

五、茹素吃齋、卻病延年

除上述吃齋念經可以治病外，民間宗教的信奉者也提出，無病痛者吃齋有預防病痛，延年益壽的功效。乾隆三十三年間，跨連江蘇與浙江的太湖一帶，查獲有喫齋誦經的長生教齋堂多處。根據江蘇巡撫彰寶的奏摺稱：

> 吳江縣盛澤鎮地方有長生邪教，已獲金文龍一名。……供有朱華章等住居長生庵，倡立長生教，誘人喫齋誦經，並以果品供佛，分送燒香之人。妄稱可以延年，又名果子教等語。當即將在庵之朱華章、金文龍、萬永法等拿獲，搜出刊抄經卷一百九本，又究出被誘男婦共二十餘人。立即委員分往嚴拿，按名就獲，臣隨將各犯押帶回省，督同臬司等嚴加細究，據供其教係已故之姚廷章、倪天祥所傳。倪天祥得於浙江衢州府之汪普善，其汪普善受教於汪長生，現有汪長生墳墓在衢州府。西安縣汪堡墩墩旁有長生庵，亦名齋堂，有陸姓齋公接待往來之人，陳姓齋公供奉汪長生畫像。又浙江嘉興縣南門外何庵，有陸天宜，及嘉興縣城內府學前彌勒庵，有濮子惠，俱是

〔註42〕〈軍機處月摺包〉，66092號，道光十三年十二月十二日。
〔註43〕《上諭檔》（方本），道光12年1月19日，頁225～226。

　　長生教齋公等語。〔註44〕

長生教教主汪普善是姚文宇的大弟子，根據《三祖行腳因由寶卷》所載，姚文宇是羅教的第三祖，姚祖繼承二祖殷繼南，統一浙江的各派羅教組織。大弟子汪長生（普善），由於眾廣心高，乃脫離羅教，另立科規，建立了長生教。〔註45〕所以長生教也算是羅教的分支，它的一些基本組織結構，還是依據羅教而來。例如：同樣是主張信徒必須齋戒素食，也以庵堂與齋堂作爲道務運作的中心。

　　長生教的庵堂，每年有固定作會拜懺念經的時間，分別是正月初一、三月初三、六月初六、九月初九、十一月十七等五日。回來參加的信徒，每人各出米一升，錢十二文，以備香燭荣蔬之用，法會結束時，共食素齋一頓而散。〔註46〕這是長生教庵堂很主要的經費來源，長生教很重視念經拜懺，聲稱可以卻病延年，獲得長壽，故謂之長生教。所念的經以佛教的《心經》、《金剛經》爲主，同時集合愈多人一起念經拜懺，認爲效果愈好，所以多在莊嚴的庵堂內舉行，念經完後大家一起吃齋飯，謂之「長生齋」。

　　長生教雖爲羅教的分支，但信徒的組成不以漕運水手爲主，而是一般的鄉民大眾，庵堂吸引信徒的方式，就以勸人吃齋念佛，可卻病延年爲由，與鄉民社會的基本需求相結合，扮演起一種特殊的社會功能。除了在庵堂舉行念經法會外，一般的信徒也可在自家中，成立臨時的長生齋念佛會。乾隆年間，浙江嘉興縣的長生教信徒王懷德，因他的哥哥王明懷生病多日，就邀同村人金敘壬、楊敘良一同來王明懷家共起念佛長生齋會。往後這個念佛長生齋會，就固定利用每年的正月初一、三月初三、九月初九三次，在王明懷家念佛作會，一次參加的人員約十位，各出錢米以爲香燭飯食之費，一直到乾隆二十六年王明懷病故去世爲止。〔註47〕

　　道光年間，官方又查獲湖北、甘肅一帶有教民，教人吃齋茹素，聲稱可以延年益壽。湖南巡撫陸費瑔奏稱：

　　　據黃致恭即黃克立供：原名德修，善化縣人，與安依成素識，道光二十三年月內，安依成勸伊吃齋行善，可以卻病。後來安依成在湖

〔註44〕《史料旬刊》第十三輯，〈浙江長生教案〉，乾隆三十三年九月十八日，彰寶摺，頁天449～450。
〔註45〕馬西沙、韓秉方，前揭書，頁349。
〔註46〕《史料旬刊》第十五輯，〈浙江長生教案〉，同前註。
〔註47〕《史料旬刊》第十五輯，〈浙江長生教案〉，同前註。

北寄信，叫伊前去，伊就到湖北省洗馬池廣興棧壇內，拜安伊成爲
師。〔註48〕

安依成是道光年間青蓮教的先天五行之一，其他四位分別爲：彭依法即依法
子，原名彭超凡。陳依精即依精子，原名陳汶海。林依秘即依成子，原名林
周官。劉依道即依道子，原名劉英。另外還有後天五行，依元、微、專、果、
眞五字，也各有一位領導者，合這內外五行稱"十地"，都是以"依"字來
派行。此外尚有"七致"，分別爲致溫、良、恭、儉、讓、克、持等七支，
都是以"致"來派行。〔註49〕總計青蓮教是分成十七支向全國各地發展，可
見其規模相當大。而青蓮教是很強調吃齋修行的一個教派，主張"吃齋坐功，
可卻病延年"，當時該教的主要領導者彭超凡，即撰寫《齋戒述原》一書，
極力提倡吃齋。分出十七支到處去傳教時，凡入其教者，必然是以吃齋爲基
本條件，以致清政府在取締青蓮教，直接就以是否有吃齋收徒爲辨別的依據。

青蓮教徒黃致恭的供詞就提到：「本年（道光二十三年）三月，由襄陽回
至武昌，見乩壇已撤，聽聞查拏吃齋的人，安依成們俱未尋見，伊潛逃回家
即被拏獲。」〔註50〕可見清政府在查拿秘密教派時，吃齋者如果不是出家人，
很可能就是官方所要查緝的對象。以致常有教犯被抓後，就以不吃齋、未傳
徒來脫罪。青蓮教徒言致讓被捕時供稱：

伊派名致讓，令往湖南傳教，伊即於年底回家。嗣因無人聽信，不
能傳人。二十四年六月內，伊親赴湖北，堅意辭退。彭依法就叫張
克廣頂伊致讓之名。伊即回家，伊從前誤被彭依法煽惑，拜師入教，
現在已悔改，並不吃齋，亦未傳徒。〔註51〕

有可能言致讓眞的是辭去教職，才由張克廣頂替，所以會特別強調，他已不
吃齋，也未傳徒，目的在減輕其罪。

青蓮教是道光時期，較大的一個秘密教派，根據湖北巡撫趙炳言查獲的教
徒名簿內載：四川省有李依微等七十三名；湖南省有謝致良等五十六名；江西
省有張尚延等十六名；雲南省有夏致溫等五十九名，內多有婦女名目。〔註52〕
這些散佈於四川、湖南、江西、雲南等地的教徒，平日以吃齋行善，坐功運氣，

〔註48〕〈宮中檔道光朝奏摺〉第十四輯，道光 25 年 4 月 18 日，陸費瑔摺。
〔註49〕〈宮中檔道光朝奏摺〉第十五輯，道光 25 年 9 月 30 日，陸費瑔摺。
〔註50〕〈宮中檔道光朝奏摺〉第十四輯，道光 25 年 4 月 18 日，陸費瑔摺。
〔註51〕同上註。
〔註52〕〈宮中檔道光朝奏摺〉第十四輯，道光 25 年 4 月 15 日，趙炳言摺。

希圖卻病延年。同時也勸人入教吃齋，傳播相同的理念，將吃齋視爲最主要的憑藉。

六、做會吃齋

　　民間秘密宗教的信眾，除在家中私設佛堂，收徒入教念經吃齋，如上述潘玉衡等人的方式外，在閩浙等地的鄉民社會中，則發現有以較大型的法會形式，集體齋供誦經，並模仿佛教齋僧會的方式，辦齋素筵招人入會。乾隆十三年間，官方在福建建安、甌寧等地，查獲羅教的支派老官齋教，聚集上千人在離建安縣城五六十里之北坪地方，做會念經吃齋。根據大學士訥親的奏摺稱：

> 建安、甌寧地方有老官齋一教，平素誘人喫齋從教，詭言可以成佛。
> 其喫齋之時，每月一二次，或數十人或近百人，至期聚集率以爲常。
> 〔註53〕

另外福州將軍新柱也奏稱：

> 老官齋教係羅教改名，即大乘教，傳自浙江處州府慶元縣姚姓，遠
> 祖普善遺有三世因由一書，托言初世姓羅，二世姓殷，三世姓姚。
> 見爲天上彌勒，號「無極聖祖」，無論男婦，皆許入會吃齋。入其教
> 者，概以普字爲法派命名，其會眾俱稱老官。閩省建、甌二縣從其
> 教吃齋者甚多。……各堂入會男婦，每逢朔望，各持香燭赴堂念經
> 聚會，每次人數多寡不等。〔註54〕

從這兩摺奏報中，可以發現在福建建、甌二縣，有不少的鄉民，每逢初一、十五，有男有女各自帶著香燭，到就近的齋堂上香念經吃齋。人數一次數十、數百或上千人不等，有的可能只是聽說吃齋可以成佛，就跟去吃齋，也有不少是正式入教成爲老官齋教的信眾。根據福州將軍新柱的調查，當地的齋堂共有五處，分別是：

> 齋明堂　設立於移立，會首陳光耀
> 千興堂　設立於後周地村，會首江葦章
> 得遇堂　設立於芝田村，會首魏葦盛

〔註53〕《史料旬刊》第二十七期（天964），〈老官齋案〉，乾隆十三年三月初三日，訥親摺。

〔註54〕《史料旬刊》第二十七期（天965～966），〈老官齋案〉，乾隆十三年三年十四日，新柱摺。

> 興發堂　設立於七道橋，會首黃朝尊
>
> 純仁堂　設立於埂尾村，會首王大倫〔註55〕

可以想見，每逢初一、十五，這五處的齋堂一定很熱鬧，聚集很多鄉民在堂內念經做會吃齋。這次乾隆十三年的老官齋案，是發生在前年的十一月間，移立的「齋明堂」內，聚集有上千人做會念經點蠟，鄉長陳瑞章害怕人多會出事，就去稟報甌寧縣丞程述祖前來取締，將會首陳光耀等五名逮捕監禁。結果引起信眾的不滿，起來暴動準備劫獄，最後是被官兵鎮壓下去，殺死數十名，逮捕一百五六十名，事件才算平息。〔註56〕

　　事後清政府雖大力搜捕老官齋徒，並拆毀調查到的齋堂，不過似乎很快又恢復起來，齋堂做會吃齋的現象，一直到光緒年間都還有。福建的古田縣，在光緒二十一年時，就發生震驚中外的＂華山教案＂，此一教案的發生，基本上也是當地的齋教徒，為了做會圓齋所引起，只是此時的齋教徒，是以＂吃齋戒煙＂為訴求，獲得鄉民普遍的技持，因而與古田的基督教民，產生利益上的衝突，於是引發齋教民殺害英國傳教士的事件。〔註57〕值得注意的是，根據被捕齋民的供詞，我們有比較清楚的了解，齋教徒做會吃齋時的情形。劉祥興事後的口供說：

> 小的向來吃菜，普名、普太到普田縣有十多年了。先是釘秤生理，近這五、六年藉說戒煙名目，供奉普陀佛，引人吃菜，其實並沒法術。那吃菜人初進會時，每人出記名錢三十三文，又公項錢一百二十文，圓關念經時，每人出錢一千六百八十文，備辦香燭、素菜八碗，合成八掛式，賬目是這張濤管理。漸煽誘他們吃菜戒煙，也有求保平安，也求別事件，愈集愈眾。〔註58〕

作一般的齋會時，入會吃齋者要準備一百二十文的齋供錢，及記名錢三十三文。如果進一步參加圓關念經法會的大齋會，就要出錢一千六百八十文，一般齋教徒到參加圓關齋會後，就會由主事者賜給一個法名，通常是以＂普＂字命名。凡是參加過圓關齋會者，就成為齋教徒的基本幹部，並立愿終身吃齋。

　　這種做會吃齋的現象，似乎到處都有，尤其是道光朝以來更盛。道光十

〔註55〕《史料旬刊》第二十七期（天966），同前註。

〔註56〕同上註。

〔註57〕林榮澤，〈吃齋戒煙與清末的華山教案〉，未刊稿，2000年1月。

〔註58〕《教務教案檔》第五輯，頁2023。

四年間，官方在北方的直隸饒陽縣，查獲在家擺供做會的周承宗等人。發現自乾隆四十三年以來，周承宗即在家中安設佛堂，平時茹素誦經，奉習清淨無爲大乘教。由於所誦的經典主要是苦功、嘆世等經，可能也是羅教的支派。〔註59〕入其教者必須皈依五戒：一不殺生、二不偷盜、三不邪淫、四不葷酒、五不誆語。信徒平時吃齋，「每年二月十五、六月初六兩日，同教之人做會一次。做會時用素菜饅頭清茶等物擺設，桌上點燈一盞，並不燒香，各人朝上磕頭諷誦苦功、嘆世等經，吃齋而散。」〔註60〕這種在家擺供做會的方式，通常較爲隱密，不似前述在福建建、甌一帶做會的方式，是在戶外大規模的舉行。擺供做會是民間宗教吸收信眾的主要依據，如是在家裡舉行時，來者以教徒爲主，限於空間，人數不會太多。如果是在戶外舉行時，由於來參加的人沒有限定是否信教，只要備妥齋供錢作爲香資，任何人都可以來參加，所以參加者很多。擺供做會時，通常會順帶安排素齋，招待來參加齋供的信眾。

七、辦供作會吃齋以驅時疫

遇上有流行疫情發生，辦供作法會，念經吃齋，宣稱可避免蘊疫上身，也可爲亡者祈福，這在地方上很容易得到大家的響應。道光年間，清政府在直隸大興縣張字營村一帶，查獲有李自榮等一行人，藉辦供喫齋以驅時疫爲名，在村裡作會誦經。根據曹振鏞的奏報說：

> 李自榮因村人染時疫多有病故，並無僧道念經追薦，隨商允田懷得、李成玉起立敬空會，釀錢製備神像法器等物，念誦地藏燄口，並源流等經卷。爲人薦亡俱不索謝，並於每年正月十五、二月十九、四月初八、十月十五等日，在該村龍王廟內，望空向故尼敬空禮拜，念誦經卷，爲村人祈福。李自榮向村人零星湊錢辦供喫齋，其出錢人均未入會。〔註61〕

由李自榮帶頭組成的敬空會，是因爲張字村發生疫情，爲了驅邪避疫所成立。每年有四次大型的辦供喫齋法會，參加的人員除了幾位主要的信眾外，全村的人一定也會參與，所以李自榮只讓一般的人，出錢辦供喫齋，並沒有要大

〔註59〕〈軍機處月摺包〉，67073 號，道光 14 年 2 月 17 日。
〔註60〕同上註 69。
〔註61〕《上諭檔》（方本），道光 12 年 2 月 28 日，頁 302～303。

家都加入敬空會。由此不難看出，民間秘密宗教的辦會吃齋，是如何巧妙的與地方上的需要相結合，使宗教活動更容易去推展。

同樣的情形也發生在滇南一帶，有青蓮教徒周位掄、譚致富等人，另行創立"金丹大道"，利用「滇南向多瘴癘瘵疾，民間茹素較多。」〔註62〕藉入教吃齋，可消災延壽為詞，大肆在鄉間發展教務。

第三節　齋戒信仰與官方的取締

清政府自乾隆中葉以後，到道光朝這段期間，對民間吃齋者的取締愈加嚴格。有時連一般非出家人，只要是吃齋，官方就認為可能與邪教有關。

一、官方的查訪

前述於道光年間，發生於直隸大興縣張字營村的李自榮案，事後官方即對大興縣進行全面的查訪，吃齋者就成了主要查訪的對象。地方上凡是有吃齋的人，一律詳加究審。當時有李二、賈青雲及西紅門村茶棚庵僧常修等人，素常喫齋。於是有傅添栒假意卻拜師李二，想探知李二是否習教，未經李二的允許。後來傅添栒因發現賈青雲家中有二本藥王經，就去密告李二等人是紅陽教徒，官方逮捕了李二等人，李二的口供說：「伊因病吃齋，並未習教。」〔註63〕經查也確無習教情形。可知清政府在道光年間，對民間吃齋者，已深有戒心，如果非出家人吃齋，一定會詳細查明是否傳習邪教。

二、清政府律例規定

就《大清律例》中有關〈禁止師武邪術〉律例來看，清政府對民間秘密宗教結社，不論各種名目都一律在禁止之列，舉凡：

> 師武假降邪神，書符咒水，扶鸞禱聖，自號端公太保師婆及妄稱彌勒佛、白蓮社、明尊教、白雲宗等會，一應左道異端之術。或隱藏圖像，燒香集眾，夜聚曉散，佯修善事，煽惑人民，為首者，絞監候；為從者，各杖一百，流三千里。〔註64〕

〔註62〕〈宮中檔道光朝奏摺〉第十五輯，道光25年8月8日，鄭祖琛摺。
〔註63〕《上諭檔》（方本），道光12年2月30日，頁332～333。
〔註64〕《大清律例》〈禁止師武邪術〉條。

這是清初時，根據《明律》所修訂的律例，其中並未規範到吃齋念經拜佛的問題。一直到清嘉慶十八年間，因民間秘密宗教勃興，清政府對此感到有必要從嚴處理，所以另修訂相關治罪條例，並首次提到民間秘密宗教信眾吃齋的問題，內容整理如下幾項要點：〔註65〕

（一）奏辦理邪教總以有無傳習經咒，供奉邪神拜授師徒爲斷。

（二）白陽教即係白蓮教及八卦教之別名，最爲足害，嗣後爲首，照左道異端煽人民律擬絞監候；爲從，發新疆給額魯特爲奴。

（三）紅陽教及各項教會名目，並無傳習咒語，但供有飄高老祖及收藏經卷者，發往烏魯木齊分別旗民當差爲奴，其雖未傳徒，或曾供奉飄高老祖及收藏經卷者，發邊遠充軍。

（四）坐功運氣，雖非邪教，亦比照故自傷殘律杖八十。

（五）若訊明實止茹素燒香，諷念佛經，止圖邀福，並未拜師傳徒，亦不知邪教名目者，方予免議。

第五項對吃齋者的界定，若純粹只是民間個人的吃齋行爲，是清政府所許可的。但如果牽涉到集體多人一起作會吃齋，就會被嚴格禁止。

三、齋戒信教者的治罪

就上述有關羅教、大乘教、無爲教、江南齋教、老官齋教、青蓮教、紅陽教、清淨門等信徒，因在地方上辦供作會吃齋，吸收信眾，爲官方所取締查獲，主要人員被治罪的情形，列表如下：

表7-1　齋戒信教者的懲治

姓　名	年代	教派	主　要　活　動	懲　治　情　形	資料出處
潘玉衡	雍正13年	羅教三乘會滋粑教	家裡設佛堂，辦供念經吃齋，傳授法名收教徒	當堂立即杖斃，以正風俗	《史料旬刊》頁202
夏公祥			持齋念經，預製道衣道巾，時往潘玉衡家念經	發回合肥縣枷號一個月，滿日重責三十板	
夏玉三王之惠			持齋念經，常至潘玉衡家附和念經	發回合肥縣枷號一個月，滿日重責三十板	

〔註65〕王信貴，《清代後期官方對民間秘密宗教之政策》，國立臺灣師範大學歷史學研究所碩士論文，民國87年1月，頁166。

劉天相、胡宗仁等九名			聽從夏公旭之言相率持齋，然皆未入教念經，且久改悔。	均予免究，但責令該地方官嚴行管束，諄切化導，令其遷善改惡，予以自新，取具遵依，再犯從重治罪。	
朱光輝、曹天章、王世洪、劉天元、丁天佑、繆世選、仲壽成、程玉、周成瓏	乾隆33年	羅教	主守庵堂的庵主，平日吃齋念經，收藏經卷，並於水手回空酬神之日，率同念經禮拜。	均照為從律，杖一百流三千里。朱光輝、曹天章、王世洪三犯看守老庵，劉天元一犯，羅經之外兼有羅像，情節較重，應發往烏魯木齊等處給披甲人為奴。內有六十歲以上者，照例改發雲貴兩廣充軍。	《史料旬刊》頁219～220
陳起鳳、韓德山、虞成并等十八名			看守庵堂的庵主，平日信教吃齋，並未收藏經卷及傳徒。	均照為從，流罪減一等，杖一百徒三年以上。	
林士富			吃素念經，寓滾盤珠庵，未皈依羅教，所念經卷為心經，並非羅經	應照違制例，杖一百	
陶盛、翁明山等十五名			漕船水手，未入教亦未吃素念經，僅在庵堂寓歇	各照不應重律，杖八十折責三十板	
朱文顯僧性海	乾隆33年	羅教無為教	江蘇無為教首，掌管經堂，吃齋念經傳徒	依為首律擬絞監候	《史料旬刊》頁282
陳文高、姜漢如等八名			經堂堂主，奉教吃齋念經	均合依為從律，各杖一百流三千里。年在六十以上者，改發烏魯木齊，給披甲人為奴	
王志興等三十一名			入教吃齋，尚未轉相傳徒	應照為從再減一等，各杖一百徒三百。	
王文元等四十三名			暫住經堂，未吃素入教	杖八十，折責發落。	
陸添餘	乾隆34年	長生教	喫齋念經奉長生教，糾約入教男婦作會吃齋，並化緣重建西安齋堂。	依為首者絞律。	《史料旬刊》頁283

陸貞二			西安齋堂主，崇奉並收藏經像，款待上祖墳禮拜之人。	發烏魯木齊等地給種地兵丁爲奴。	
嚴文標等五名			住堂奉教入會，吃齋念經。	杖一百流三千里	
張子祥等三人			入教吃齋念經，但不住堂	杖一百徒三年	
張生培	乾隆34年	紅陽教龍天會	吃齋拜佛，在家擺說佛堂，每年四季擺供念經，招人入會吃齋	依爲首者絞監候	《史料旬刊》頁309
張二等四名			奉教入會，吃齋念經	爲從杖一替流三千里	
桑文之包義宗			負責作會念經	發烏魯木齊給披甲人爲奴	
吳成順等五名			加入桑文之作會念經吃齋	杖一百徒三年	
王紹英等四名	嘉慶19年	清茶門紅陽教	吃齋行教傳徒，每日向太陽供水一杯，磕頭三次	發烏魯木齊爲奴，仍照例刺字	《清代檔案史料叢編》頁4～5
王延氏成萬鈞等九名			入教吃齋，但未傳徒	各杖一百，徒三年，至配所折責四十板。婦人照例收贖。	
王軒蘭等四名			雖曾拜師，但僅只聽從吃齋，未傳徒斂錢	杖九十，徒二年半。	
張致讓	道光25年	青蓮教	拜彭依法爲師，傳習青蓮教，茹素念經，念不經咒語，領授松木劍傳徒。	依爲首者擬絞立決	〈宮中檔道光朝奏摺〉道光25年9月30日
楊作錦等七名			拜師傳習青蓮教，齋戒念經，默叩無生老母，轉傳有徒。	發烏魯木齊爲奴，仍照例刺字	
李廣華等十名			拜師習教，叩敬無生老母，收有經卷，但未傳徒	發邊遠充軍	
胡正元			僅拜師習教吃齋，未藏經傳徒	杖一百，流三千里	
范貽福等三十名			僅拜師習教，並無叩敬無生老母，及收受經卷	杖一百，徒三年	

　　由上表不難看出，清政府在懲處這些吃齋教團時，大致可分成三種類型。一是主要的教首，或是持齋誦經、傳教授徒者，這兩類人的判刑最重，不是絞決，就是流徒千里爲奴。其次是僅止入教吃齋念經，並未傳徒者，多判爲杖、徒之刑。其三，若僅是持齋念經，並未入教者，則可給予具結自新，再犯則從重量刑。

第四節　小　結

　　綜合全篇的論述，第一部份是探討齋戒的教義內涵，第二部份是探討民間宗教的信奉者，當他奉行齋戒的行爲後，在民間社會裡會產生什麼樣的互動關係，又有什麼樣的影響，結果官方是如何對待這些吃齋的教團等問題。前者已在第一部分的綜合論述中，作了概括的分析。總結這些探討，覺得有尚有幾項值得進一步深思的地方。如下：

　　其一：就本篇的分析來看，民間秘密宗教的齋戒信仰，應是很普遍存在的現象。然而何以明清以來的這些教派，會如此重視吃齋戒殺的教義，甚至比佛、道教的齋戒都還重視，除了齋戒教義本身懂易行之外，應該也關係著民間教派的發展機制。

　　其二：就此一民間宗教的發展機制而言：“吃齋戒殺”，已成爲民間秘密宗教信徒，與一般人的區別標誌，並直接影響著一個人的社會人際網絡。換言之，吃齋者的社會群體關係一但產生改變，會有助於加強信教者對教派的認同感，進而鞏固教派本身的信眾，因此民間教派要特別強調齋戒信仰的必要性。這點可從民間宗教的經卷中，普遍強調吃齋的重要性；及教派活動的內容中，最多是吃齋念經與吃齋作會的象現，可以得到充份的印證。這點是以往研究中國民間宗教的學者，較少去體察的發展機制。

　　其三：在民間秘密教派中，凡是重視“齋戒”教義的教派，都會應用各種方式去推展吃齋的風氣。羅教的庵堂及江南齋教的齋堂，算是最成功的範例。蘇浙一帶的羅教庵堂，多建於運河邊，方便作爲漕運水手的休棲之所，藉此以吸收水手們入教，再以酬神作會辦齋的方式，來鞏固信徒們的信念，配合的很好。江南齋教也是常利用齋堂作會辦齋供，一年固定有四、五次的法會，藉著法會後的齋宴，吸引鄉民參加，進而吸收虔心者入教成爲信徒。另有教派，則是在自家中安設佛堂，利用念經拜佛吃齋等方式爲人治病，或是到病人家中為人念經治病，凡是有效痊癒者，就勸令入教，成為虔心的信眾。這些方式的共通點，在於都有一個作會念經辦齋的處所，不論是庵堂、齋堂或佛堂，皆善於利用吃齋的活動來吸引人加入，達到發展教務的目的。所以，"吃齋"活動，在教派發展的過程中，扮演起重要的角色。

　　受限於時間及材料的因素，本篇論文尚有很多不足之處，有待進一步的充實。例如：清代眾多的民間秘密教派，應作更詳細的考證，一一列出每一教派的齋戒信仰的程度，信徒有無吃長齋，或不強調吃齋，作成表格比較，則必然能更清楚的呈現出整個清代民間教派吃齋的情形。此外，秘密社會的吃齋現象，是否有如秘密宗教一般的情形，也應作進一步的比較分析。這些都是有待繼續努力之處。

第八章 結 論

　　美國詩人兼短文作家梭羅（Henry David Thoreau）說：「在人類逐漸進化過程中，不再吃葷是宿命的一部分，就像以前野蠻民族接觸文明生活後，便不再吃人肉一樣的道理。」〔註1〕現代歐美國家正興起一股素食運動的風潮，許多素食主義的提倡者，宣稱人類的未來，勢必會因健康及環保的因素，而成為素食的天下，否則人類終將很快的把地球資源耗盡而滅絕。姑且不論這些素食主義者的論點是否正確，或僅只是些危言聳聽，但可確信的是，這股素食風不可能一下子就過去，看來反而有可能在世界各地愈來愈成長。因此，本論文選擇此一和人類飲食生活，息息相關的問題作探討，不可否認的，也是受到此一股潮流的影響。

　　人類早在三、四千年前的中國，就有齋戒素食的觀念產生，這在今日提倡素食主義的推動者看來是項偉大的創舉。而擇定中國民間宗教豐富的齋戒內涵，作為本論文探討的主軸，也有其特別的考量。一則是民間宗教在這個領域上的研究幾乎是零，有待開拓；二則是民間宗教齋戒教義有其通俗化，簡明化、富吸引力、易為鄉民社會所接受，且傳播快速等的特徵。而民間宗教齋戒教義的形成，除了受到歷來皇帝提倡齋戒的影響，主要是受到民間道教齋醮、摩尼教喫菜事魔、彌勒教與白蓮教的佛教民間教團及羅教的齋堂之影響。

　　在研究的方法與架構上，一來有鑑於西方宗教歷史學派的發展經驗，二則審視中國民間宗教研究的現況，和所遇到的問題與瓶頸。特別是在中國民間宗教的研究裡，以往多就教派的源流、發展經過、基本教義與後來的演變

〔註 1〕引自宋楚芸譯，Victor Parachin 著，前揭書，頁 14。

等方向作探討。這方面的研究確實也累積不少的成果，如何理出還有待開拓的研究領域，是本論文的首要考量。因此，選擇採「主題式」的研究方式，擇定一個民間宗教具普遍共通性的主題，即「齋戒」作為研究的主軸，即希望借由此面向的探討，能為中國民間宗教的研究，有另一層面的開展。

一、分析的兩大主軸

本論文在分析探討上的兩大主軸：一是就清代官方檔案的記錄，來論清代民間宗教的齋戒活動：要回答的是受持齋戒者的目的為何？也就是探討民間宗教齋戒信仰的特殊現象。其次是就民間宗教使用的《寶卷》、《經籍文獻》來論民間宗教的齋戒教義：要回答的是齋戒者的理論依據為何？也就是探討民間宗教齋戒教義的特色。

（一）清代民間宗教齋戒信仰的特徵

這是本文第四章所探討的主題，可以看出清代的民間宗教有很多是奉行吃齋的教團，其齋戒信仰的活動情形，大致可歸納為幾項特徵：首先是以吃齋作為入教的基本條件，這是絕大多數吃齋教團的共同特徵，也就是說，如果你要加入此一教派，就必須吃齋入教。因此，一般非出家人吃齋與否，就成了官方判定是否為民間宗教信徒的主要依據。例如嘉慶朝的清茶門教，「凡入其教者，須遵三皈五戒，并稱之為爺，向其禮拜，端坐不起。傳教者并用竹筷點眼耳口鼻等處，名為盧木點杖，插在瓶內供奉，以為故後到陰司吃齋憑據。」〔註2〕就是一個很好的例子。其次，民間宗教的齋戒活動，有個人平時生活上的吃齋，也有整體信眾一起的作會吃齋。借著各種不同名目的齋會，教首也可收受齋供錢，由於有利可圖，通常會成為民間吃齋教團很重要的齋戒活動。為了讓更多人能相信，並入教吃齋，也可獲得更多的齋供錢，吃齋教團在鼓吹吃齋入教上，有種種的說法。大致上不外乎：吃齋可以得福報，免受各種的災難；吃齋可以報恩；吃齋可以卻病延年；吃齋可以了願等。這些簡單的福報觀念，是清代官方檔案所見的記錄，顯示民間宗教齋戒信仰的通俗說法。這些說法的吸引力可以從加入的信徒人數眾多，推算出其對鄉民的吸引力。然而，這些說詞是就官方檔案的記載所見，看來多數流於表象的陳述，而且很多是相似的內容。但透過這些官員審訊吃齋者的檔案，也可呈

〔註2〕《清代檔案史料叢編》第三輯，嘉慶二十一年一月二十八日，湖廣總督馬慧裕等奏摺。

現出官員們重視的是這些信眾為何要吃齋入教，目的何在？以及吃齋這件事，在清代民間宗教裡的影響性。

（二）民間宗教齋戒教義的特色

再就第二項分析的主軸：即是本論文第五章所探討的重心，民間宗教齋戒教義的內容與特徵。這部份是根據《寶卷初集》四十冊一八六部經卷，與《明清民間宗教經卷文獻》十二冊一七○部經卷，共計三五六部民間宗教經卷來分析。目的在深入的了解民間宗教齋戒教義，有助於彌補官方檔案只作表象記述的不足。就筆者的分析整理，可以看出民間宗教齋戒教義的特色，大致上可歸納為：（1）罪惡觀：較多的齋戒主張屬於此種，以簡單的二分法來論，吃齋得福報，吃酒肉則造罪業。（2）道德觀：是就戒殺放生的觀點來論，智者吃齋可以積功德了生死。因為吃齋就可以不殺生，祖師放生歌說道：「他若死時你救他，你若死時天救你。所以人生在世，若要多活兩年，先要戒殺放生。」〔註3〕（3）因果觀：齋戒教義最有力的說法就是因果觀，"吃他半斤還八兩"的觀念簡單易懂，且有十足的說服力。（4）修道觀：從吃齋與修行的觀點來看，持齋念佛之人修道的好處。（5）戒律觀：就修行人的戒律來論，認為齋戒是最基本的戒律。（6）禮佛觀：齋戒以敬誦聖佛，來自中國團統齋戒沐浴以祀上帝的說法。（7）報恩觀：持齋念佛可超拔祖先，報答父母養育的恩德。這些是就目前所見的寶卷、經卷的內容整理出來講。但根據前引車錫倫的研究，至少還有三倍的寶卷沒能看到，很多都已散佚，這是目前較難完整分析的困難之處。然而就目前所見的寶卷文獻來看，其實大都有重複之處，所論述的齋戒內容，也是大同小異，即使是其他的寶卷文獻，應該也不出這些範疇，能用的觀點來不外這些了。

比較特殊的是現代一貫道的齋戒觀，除了承繼以往中國民間宗教的齋戒教義之外，一貫道還加入了不少新的齋戒內涵。有從經濟環保的觀點來論：吃齋更能珍惜地球資源。另就衛生的觀點來看，食物中肉類比植物類更容易含有病菌，動物體內 DDT 的積存量是蔬果、青草的十三倍。再就體質的觀點來比較，人類的體質與素食性的動物體質相似，而與肉食性的動物差異很大。最後是從營養及健康的觀點來論，素食者的營養不差於肉食，而且素食對身體的健康助益遠大於肉食，具有十八項的優點。

〔註 3〕《立願寶卷》，收入《明清民間宗教經卷文獻》第十一冊，頁 932。

這些關於民間宗教豐富的齋戒內涵，若和佛教的齋戒觀及西方的素食主義作比較，可總括其特徵為：民間宗教齋戒教義的特色在於通俗易懂，大量引用因果報應的觀念，簡明而有說服力的表達齋戒的必要性。但不同於佛教有縝密的齋戒理論，而是缺少深奧的道理作基礎，主要在扣緊修道的信仰目的去開展。民間宗教的《寶卷》或《經籍文獻》，平常是以讀誦的方式，作為修行上的功課，所以這些內容不斷的從讀誦中傳達給信眾，產生很大的影響力量。

二、研究的兩項發現

綜合本論文的分折探討，有二項發現：一是清朝官方為何對吃齋教團嚴厲取締，用意不是要禁止人民吃齋修行，而是耽心吃齋者會形成群體意識。二是中國民間宗教為何多重視齋戒，應不只是在修行，其真正的目的是在吸收信眾，形成以教首為主的人際信仰圈。

（一）官方取締的目的在防止吃齋者的群體意識

在本文第六章的探討中，就清代的〈禁止師武邪術〉來看，並未明文禁止吃齋念經拜佛的事，但就官方取締吃齋者的情形來看，清政府自乾隆朝以後，幾乎都將吃齋的非出家人，列為訪查對象，動不動就嚴格的取締審訊，可見清政府對這些吃齋者很不放心。就檔案的記載來看，官方對吃齋者的取締緣由，通常是與民間宗教的齋戒活動有關，例如，乾隆十三年（1748）的老官齋教起事，引發這次起事的原因，是因為老官齋每年有些固定的辦供齋會，這些齋會的舉辦會聚集信徒，甚至也會引來很多的鄉民，這樣的群眾聚會是清政府所不放心的，於是造成官方的取締，進而引發大規模的老官齋信徒起事。此外，福建的古田教案，也是因齋戒徒所引起，由於古田的齋戒徒，以吃齋戒煙作訴求，吸引很多鄉民加入，在地方上形成一股龐大的力量，漸漸的形成洋教教民與齋教信徒間的潛在衝突。這些吃齋的教民，他們借由吃齋辦會，凝聚信眾，漸漸形成群體意識，一但齋民與教民的緊張關係升高，就有可能造成大規模的衝突事件，這也是清政府所最擔心的事。

如果將清代政府對吃齋教團的取締，放在歷來官方對民間宗教的取締來看。關於取締的原因，如第一章所述，傳統上的看法多認為是民間宗教本身的問題，因為這些密秘的教派總是和反亂運動相結合，以致引起官方的嚴厲取締。但也有一些學者，抱著不同的觀點，認為不完全是教派本身的問題，多少也有些是官方的因素，這些是站在較同情教派的看法，將教派看作是大眾宗教的可靠表現方式。然而這兩派解釋的觀點雖是對立，也都確實有一些具體的教派反亂作佐證。綜合學者對官方取締民間宗教原因的看法，筆者認為，如果完全歸之於教派本身的反亂性質，似乎有失偏頗。如果單從清代官方對吃齋者取締這件事來看，我們反到發現，是官方的因素居主要的地位。也就是說，清政府對吃齋者的取締，很大的成分是不放心這些吃齋者會聚集起來，形成群體意識，進而引發動亂。而單就教派本身而言，他們可能只是單純的企求，能讓他們按時舉辦各類的齋會活動，幾乎沒有發現任何一個吃齋教團，會以武裝反亂作為主要的目的。

（二）吃齋的真正目的在吸收信眾，形成以教首為主的人際信仰圈

其次，就第七章的探討分析來論，民間宗教為何多重視齋戒，經由檔案的分析來看，應不只是單純在修行，其真正的目的是在吸收信眾，形成以教首為主的人際信仰圈。為了吸引信眾入教吃齋，並使吃齋者有堅定的信心，民間吃齋教團首先在社會價值觀上，賦予了新的義涵。採簡單的二分法，將吃齋與吃酒肉之人作劃分，例如：吃齋之人可以上天堂，吃酒肉會下地獄；吃齋之人可以得到福報，吃酒肉會得災禍；吃齋就是護生，吃酒肉就是殺生害命。為了強化這種說詞的說服力，援用因果報應的觀念，對吃酒肉之人會受到的業報，賦予令人恐懼的說法，使得原本在生活上單純的飲食習慣，披上因果輪迴的宗教色彩。例如，常說的飲酒吃肉之人，死後會：「墮地獄，十八層，都要受過。赴輪迴，變騾馬，才得翻身。披著毛，帶著角，用命還債。活活的，刀頭死，以肉供人。你喫他，肉半斤，還他八兩。你喫了，十六兩，還他一斤。」〔註4〕相對的，吃齋之人，除了死後可上天堂之外，還被賦予一切美好的福報。這種社會價值觀的改變，前提是建立在信教吃齋的基礎上。

除了社會價值觀的改變，最大影響還是在社會人際網絡上的轉變。這就是為什麼說，吃齋的目的不只在修行，其真正的目的是在吸收信眾，形成以教首為主的人際信仰圈。從清代吃齋教團活動的檔案記錄，及現代一貫道的田野調查研究可以發現：一個人一但開始持戒吃齋，則他原本的交際應酬圈立刻會受到影響，他的人際關係也會開始轉變，這可說成是一種人際關係的"區隔化"現象。由於在吃方面與人不同，許多原本常有的應酬就不再參加，

〔註4〕《佛說如如居士王文生天寶卷》，收入《明清民間宗教經卷文獻》第六冊，頁17～18。

轉而與相同吃齋的道友相結合，形成一個特定的生活圈，圈內的人都有一個基本的前提，就是同為吃齋的人，這種人際關係的區隔化，是在一個人決定受戒持齋時開始。這個以吃齋為共同特徵的信仰圈，教首是最原始的核心，圈內的人同拜教首為師，入教吃齋，形成一個信仰群體。為了強化這個信仰群體的向心力，除了定期的辦供齋會外，吃齋也被賦予了特有的社會功能，這些社會功能是被這個信仰圈內的人所共同認定接受的。例如：吃齋在現世可消災，在來世可得福報；吃齋可報答親人的恩德，如父母的養育之恩，佛祖的賜子之恩等；生病之人，可借由吃齋念經讓病情好轉，許多吃齋教團的教首，常借此達到傳教之目的；治病除了個人的吃齋念經外，也有集體式的擺素供作會的方式，此為舉辦大型的法會，集體念經吃齋，來達到治病的目的；既然強調吃齋可以治病，自然而然會以吃齋得養生長壽作訴求，浙江的長生教即為代表。還有就是集體舉辦齋供法會，或是全村人吃齋數日的方式，來達到驅除疫的目的。這通常是發生在地方有瘟疫發生時，民間會借宗教信仰的神佛，配合齋淨的方式來掃除不淨的瘟疫，這時吃齋就被視為必要的事。上述這些吃齋的社會功能，對提升吃齋教團的凝聚力及對吃齋的信心，一定有很大的幫助。

三、後續的發展

　　總結本篇論文的探討，後續還有二項值得開展的問題。首先是就中國民間宗教的研究來檢討，學界長久以來的研究模式，多以各個不同教派為核心的研究，目前這方面的成果已相當豐碩，總計有三十多個明清以來的不同教派，作過個別的詳細分析。所以本文不再以教派為主來探討，而改以各教派共通的一些特質為探討的主軸，正好也可善用現有的研究成果，期望能對民間宗教的研究，有另一層面的開展。當然，這還有待就民間宗教裡，抽離出更多不同的主題作探討。其次，就本文所研究的"持齋戒殺"來論，可以發現民間宗教中與此相關的問題不少。除了本文所探討到的之外，後續仍值得關注的是，有奉行齋戒與非齋戒教派之間，在發展上有何差異性。就清代民間宗教的兩大系統來看，屬羅教及其衍生教派的系統是奉行齋戒的一脈；屬八卦教及其衍生教派的一脈，則不以吃齋作為入教的主要依據。這樣的差異性足以顯示出清代民間宗教的多元性發展，但也提供一個很好的例證，可作這方面的比較研究。由於非吃齋教派不是本文的分析主軸，有待後續的研究

再作探討，或許此一系統有另外作爲吸引信眾入教的共通特質，可另作詳細
的研究。

徵引書目

一、中文部份

（一）檔案資料

1. 《上諭檔》方本，（台北：國立故宮博物院藏）。
2. 《史料旬刊》，（台北：國風出版社，民國五十二年六月）。
3. 《外紀檔》，（台北：國立故宮博物院藏）。
4. 《明清檔案》第六、七、三十五冊，（台北：中央研究院，民國七十五年）。
5. 《奏摺檔》，（台北：國立故宮博物院藏）。
6. 《軍機處錄副奏摺》，（北京：中國第一歷史檔案館藏）。
7. 《軍機處檔‧月摺包》，（台北：國立故宮博物院藏）。
8. 《宮中檔乾隆朝奏摺》第 1～75 輯，（台北：國立故宮博物院，1982～1988年）。
9. 《宮中檔康熙朝奏摺》，（台北：國立故宮博物院，民國六十五年）。
10. 《宮中檔雍正朝奏摺》第 1～34 輯，（台北：國立故宮博物院，1977～1980年）。
11. 《宮中檔嘉慶朝奏摺》第 1～34 輯，（台北：國立故宮博物院，1995 年）。
12. 《教務教案檔》，（台北：中研究近史所，民國 66 年 10 月）。
13. 《硃批奏摺》，（北京：中國第一歷史檔案館藏）。
14. 《欽定平定教匪紀略》，（台北：國立故宮博物院藏，朱絲欄寫本）。
15. 《欽定剿平三省邪匪方略》，（台北：國立故宮博物院，內府朱絲欄寫本）。
16. 《剿捕檔》，（台北：國立故宮博物院藏）。

17. 中國人民大學歷史系，中國第一歷史檔案館合編，《清代農民戰爭史資料選編》第三冊，（北京：中國人民大學出版社，1983 年）。

18. 中國社會科學院歷史研究所清史室編，《清中期五省白蓮教起義資料》，（南京：江蘇人民出版社，1981 年 2 月）。

19. 中國第一歷史檔案館、北京師範大學歷史系編選《辛亥革命前十年民變史料》上下冊，（北京：中華書局，1985 年）。

20. 中國第一歷史檔案館編，《乾隆朝上諭檔》，（北京：檔案出版社，1991 年）。

21. 中國第一歷史檔案館編，《清代檔案史料叢編》第 3、9、12 輯，（北京：中華書局）。

22. 中國第一歷史檔案館編，《雍正朝漢文硃批奏摺彙編》，（上海：江蘇古籍出版社，1989～1991 年）。

23. 中國第一歷史檔案館編《清代檔案史料叢編》第九輯，（北京：中華書局，1983 年）。

24. 故宮博物院明清檔案部編，《清代檔案史料叢編》第三輯，（北京：中華書局，1979 年 11 月）。

25. 全國明清檔案資料目錄中心編，《清代天壇暨祭天文化研究檔案資料匯編》第一冊。

26. 喬志強，《曹順起義史料匯編》，（太原市：山西人民出版社，1957 年）。

27. 廣祿，李學智譯註，《清太祖朝老滿文檔冊》第一冊（荒字檔），乙卯年十二月記載，（台北：中央研究院歷史語言研究所，民國 59 年）。

28. 〔清〕覺羅勒德洪等奉修，《大清世祖章（順治）皇帝實錄》卷 14，（台北：華聯出版社，民國 53 年）。

29. 〔清〕佚名，《清世祖章皇帝實錄》，（善本，史部，稿本）。

30. 〔清〕覺羅勒德洪，《清德宗實錄》，（台北：華聯出版社，民國 53 年）。

31. 〔清〕覺羅勒德洪，《清宣宗實錄》，（台北：華聯出版社，民國 53 年）。

32. 〔清〕佚名，《皇清奏議》，（善本，史部，清鈔本）。

（二）官書典籍

1. 〔宋〕王溥《唐會要》，（上海：上海古籍出版社，1991）。

2. 〔宋〕宋綬編，《唐大詔令集》，（台北：鼎文書局，民國 61 年）。

3. 〔清〕托津等奉敕纂，《欽定大清會典事例》，（台北市：成文出版社，民國 80 年）。

4. 〔清〕沈之奇注、洪弘緒訂《大清律集解附例》，（上海：上海古籍出版社，1997 年）。

5. 〔清〕徐本，三泰等奉敕纂；〔清〕劉統勳等續纂，《大清律例》，（台北：臺灣商務印書館，民國 72 年）。

6. 《二十五史》，（上海：上海古籍出版社，1995 年 12 月）。

7. 《內傳天皇鰲極鎮世神書》，收錄於《四庫全書存目叢書》子部・術數類 63，（台南：莊嚴出版社，民國 84 年）。

8. 《國語》，（上海：上海古籍出版社，1978 年）。

9. 《孟子》，《十三經注疏》，（台北：新文豐公司，1978 年 1 月）。

10. 《論語》，《十三經注疏》。

11. 《墨子》，《百子全書》第五冊，（杭州：浙江人民出版社，1984，年）。

12. 《禮記正義》，《十三經注疏》，（北京：中華書局，1980 年）。

13. 王夢鷗，《禮記今註今譯》，（台北：臺灣商務印書館，民國 79 年 3 月）。

14. 〔宋〕李心傳，《建炎以來繫年要錄》。（台北：新文豐出版社，民國 74 年）。

15. 〔明〕何喬遠，《閩書》。，明崇禎二年刊本。

16. 〔明〕吳元年訂，《明律集解・附例》，（台北：成文出版社，民國 58 年）。

17. 〔唐〕杜佑《通典》，（王永興等點校，北京：中華書局，1988 年 12 月 1 版）。

18. 張晉藩先生近期研究論著，朱勇主編，《崇德會典戶部則例及其他》，（北京：法律出版社，2003 年）。

19. 〔清〕徐松輯《宋會要輯稿》，（北京：中華書局，1957 年）。

20. 黃奭輯，《春秋合誠圖》，收錄於《叢書集成》三編，十六〈黃氏逸書攷〉，第十四函，（台北：藝文印書館，民國 61 年）。

（三）宗教文獻

1. 〔宋〕呂元素集成，《道門定制》，《正統道藏》第 53 冊。

2. 〔宋〕留用光傳授；〔宋〕蔣叔輿編次，《無上黃籙大齋立成儀》，《正統道藏》第十五冊，（台北：新文豐出版，民國 74 年）。

3. （前蜀）杜光庭刪定，《道門科範大全集》，《正統道藏》第五十三冊。

4. （劉宋）陸脩靜集，《洞玄靈寶五感文》，《正統道藏》，第 55 冊。

5. 《七枝因果》收入《明清民間宗教經卷文獻》第六冊。

6. 《八字覺原》收入《明清民間宗教經卷文獻》第九冊。

7. 《十王寶卷》，收入《明清民間宗教經卷文獻》第七冊。

8. 《三祖行腳因由寶卷》收入《寶卷初集》第四冊。

9. 《大乘正教明宗寶卷》收入《明清民間宗教經卷文獻》第六冊。

10. 《大乘正教科儀寶卷》，收入《明清民間宗教經卷文獻》第六冊。

11. 《大乘金剛寶卷》收入《明清民間宗教經卷文獻》第一冊。

12. 《大乘意講還源寶卷》收入《明清民間宗教經卷文獻》第六冊。

13. 《大乘意講還源寶卷》收入《寶卷初集》第四冊。

14. 《大聖五公轉天圖救劫眞經》收入《明清民間宗教經卷文獻》第十冊。

15. 《大聖彌勒化度寶卷》收入《明清民間宗教經卷文獻》第七冊。

16. 《五公天闊妙經》收入《明清民間宗教經卷文獻》第十冊。

17. 《五公末劫經》收入《明清民間宗教經卷文獻》第十冊。

18. 《仁性集成》收入《明清民間宗教經卷文獻》第八冊。

19. 《元化指南》收入《明清民間宗教經卷文獻》第八冊。

20. 《元宰必讀》收入《明清民間宗教經卷文獻》第十冊。

21. 《天台山五公菩薩靈經》收入《明清民間宗教經卷文獻》第十冊。

22. 《天緣結經註解》，收入《明清民間宗教經卷文獻》第六冊。

23. 《太上老君說自在天仙九蓮至聖應化度世眞經》收入《明清民間宗教經卷文獻》第十二冊。

24. 《太上伭宗科儀》收入《明清民間宗教經卷文獻》第四冊。

25. 《太上祖師三世因由總錄》收入《明清民間宗教經卷文獻》第六冊。

26. 《太上虛皇天尊四十九章經》，《正統道藏》，第 2 冊。

27. 《太陽開天立極億化諸佛歸一寶卷》收入《寶卷初集》第七冊。

28. 《古佛天眞收圓結果龍華寶懺》收入《明清民間宗教經卷文獻》第五冊。

29. 《古佛當來下生彌勒出西寶卷》收入《明清民間宗教經卷文獻》第七冊。

30. 《弘明集》，收入《大正新修大藏經》第五十二冊。

31. 《弘陽後續天華寶卷》收入《明清民間宗教經卷文獻》第六冊。

32. 《弘陽苦功悟道經》收入《明清民間宗教經卷文獻》第六冊。

33. 《弘陽嘆世經》收入《明清民間宗教經卷文獻》第六冊。

34. 《目連救母出離地獄生天寶卷》，現藏於北京圖書館。

35. 《立願寶卷》收入《明清民間宗教經卷文獻》第十一冊。

36. 《多羅妙法經》收入《寶卷初集》第九冊。

37. 《多羅妙法經卷》收入《明清民間宗教經卷文獻》第七冊。

38. 《如如老祖化度眾生指往西方寶卷》收入《明清民間宗教經卷文獻》第六冊。

39. 《佛祖妙意直指尋源家譜》收入《明清民間宗教經卷文獻》第八冊。

40. 《佛祖靈籤應驗》收入《明清民間宗教經卷文獻》第十冊。

41. 《佛夢祖師因果錄》收入《明清民間宗教經卷文獻》第九冊。

42. 《佛說大慈至聖九蓮菩薩化身度世尊經》收入《明清民間宗教經卷文獻》第十二冊。

43. 《佛說如如居士王文生天寶卷》收入《明清民間宗教經卷文獻》第六冊。

44. 《佛說利生了義寶卷》收入《明清民間宗教經卷文獻》第五冊。

45. 《佛說皇極金丹九蓮證性皈眞寶卷》收入《明清民間宗教經卷文獻》第五冊。

46. 《佛說開天地度化金經》收入《明清民間宗教經卷文獻》第七冊。

47. 《佛說銷釋保安寶卷》收入《寶卷初集》第六冊。

48. 《奉聖回劫顯化錄》收入《明清民間宗教經卷文獻》第十一冊。

49. 《性理題釋》，三峽靈隱寺印印，天道之光出版社，民國81年1月重新標點排版。

50. 《承天效法后土皇帝道源度生寶卷》收入《寶卷初集》第十一冊。

51. 《明宗孝義達本寶卷》，收入《明清民間宗教經卷文獻》第六冊。

52. 《明眞仙鏡》，利生堂印贈，（一貫道內書刊）。

53. 《明德新明進修錄》，三峽靈隱寺印贈，（一貫道內書刊）。

54. 《東嶽天齊仁聖大帝寶卷》收入《明清民間宗教經卷文獻》第七冊。

55. 《林子三教正宗統論》收入《明清民間宗教經卷文獻》第三冊。

56. 《武帝經懺》收入《明清民間宗教經卷文獻》第十冊。

57. 《法苑珠林》，收入《大正新修大藏經》第五十三冊。

58. 《金不換》收入《明清民間宗教經卷文獻》第八冊。

59. 《金石要言》收入《明清民間宗教經卷文獻》第九冊。

60. 《金幢教文獻》收入《明清民間宗教經卷文獻》第七冊。

61. 《信德洽孚》收入《明清民間宗教經卷文獻》第八冊。

62. 《保生大帝吳眞人傳》收入《明清民間宗教經卷文獻》第十二冊。

63. 《幽冥寶傳》收入《明清民間宗教經卷文獻》第九冊。

64. 《指路寶筏》收入《明清民間宗教經卷文獻》第十一冊。

65. 《皇極金丹九蓮正信皈眞還鄉寶卷》收入《寶卷初集》第八冊，（太原：山西人民出版社，1994年）。

66. 《皇申訓子十誡》，三峽靈隱寺印印，（一貫道內書刊）。

67. 《皈依科儀》收入《明清民間宗教經卷文獻》第六冊。

68. 《皈依註解》收入《明清民間宗教經卷文獻》第七冊。

69. 《科儀寶卷》收入《明清民間宗教經卷文獻》第六冊。

70. 《泰山東嶽十王寶卷》收入《明清民間宗教經卷文獻》第七冊。

71. 《消災延壽閻王經》收入《明清民間宗教經卷文獻》第十冊。

72. 《眞人尊經》收入《明清民間宗教經卷文獻》第十冊。

73. 《素一老人十六條規註解》收入《明清民間宗教經卷文獻》第九冊。

74. 《乾坤寶鏡》收入《明清民間宗教經卷文獻》第十冊。

75. 《彩門科教妙典卷》收入《明清民間宗教經卷文獻》第八冊。

76. 《梵網經》，收入《大正新脩大藏經》第二十四冊。

77. 《清淨窮理盡性定光寶卷》收入《明清民間宗教經卷文獻》第六冊。

78. 《清淨寶卷》收入《明清民間宗教經卷文獻》第七冊。

79. 《眾喜粗言寶卷》收入《寶卷初集》第二十一冊。

80. 《眾喜粗言寶卷》收入《寶卷初集》第二十冊。

81. 《規矩準繩》收入《明清民間宗教經卷文獻》第九冊。

82. 《普明如來無爲了義寶卷》，收入《明清民間宗教經卷文獻》第六冊。

83. 《普明如來無爲了義寶卷》收入《寶卷初集》第四冊。

84. 《普陀寶卷》收入《明清民間宗教經卷文獻》第十一冊。

85. 《普靜如來鑰匙通天寶卷》收入《明清民間宗教經卷文獻》第四冊。

86. 《智果編》收入《明清民間宗教經卷文獻》第八冊。

87. 《無上黃籙大齋立成儀》，《正統道藏》第五十三冊。

88. 《無上圓明通正生蓮寶卷》收入《明清民間宗教經卷文獻》第七冊。

89. 《無爲正宗了義寶卷》收入《明清民間宗教經卷文獻》第四冊。

90. 《開玄出谷西林寶卷》收入《明清民間宗教經卷文獻》第七冊。

91. 《開示經》收入《明清民間宗教經卷文獻》第九冊。

92. 《雲笈七籤》，（北京：書目文獻出版社，1995 年 7 月）。

93. 《敬竈章》收入《明清民間宗教經卷文獻》第十冊。

94. 《源流法脈》收入《明清民間宗教經卷文獻》第八冊。

95. 《義路是由》收入《明清民間宗教經卷文獻》第八冊。

96. 《道義疑問解答》，（彰化：光明國學圖書館，民國 82 年 5 月重印）。

97. 《道藏》，（文物出版社、上海書店、天津古籍出版社聯合出版，1988 年）。

98. 《達摩經卷》收入《明清民間宗教經卷文獻》第七冊。

99. 《達摩寶傳》收入《明清民間宗教經卷文獻》第七冊。

100. 《福國鎮宅靈應竈王寶卷》收入《明清民間宗教經卷文獻》第六冊。

101. 《認理歸眞》，利生堂印贈，大興圖書公司，（一貫道內書刊）。

102. 《增廣覺世編》收入《明清民間宗教經卷文獻》第十冊。

103. 《輪迴寶傳》收入《明清民間宗教經卷文獻》第九冊。

104. 《銷釋白衣觀音菩薩送嬰兒下生寶卷》收入《寶卷初集》第十二冊。

105. 《銷釋孟姜忠烈貞節賢良寶卷》收入《寶卷初集》第十一冊。

106. 《銷釋明淨天華寶卷》收入《明清民間宗教經卷文獻》第四冊。

107. 《銷釋金剛科儀》收入《明清民間宗教經卷文獻》第一冊。

108. 《銷釋南無一乘彌陀授記歸家寶卷》收入《寶卷初集》第十二冊。

109. 《銷釋悟性還源寶卷》收入《明清民間宗教經卷文獻》第四冊。

110. 《銷釋悟明祖貫行覺寶卷》收入《明清民間宗教經卷文獻》第四冊。

111. 《銷釋接續蓮宗寶卷》收入《明清民間宗教經卷文獻》第五冊。

112. 《銷釋混元弘陽大法祖明經午科》收入《明清民間宗教經卷文獻》第六冊。

113. 《銷釋混元弘陽血湖寶懺》收入《明清民間宗教經卷文獻》第六冊。

114. 《銷釋混元無上拔罪救苦眞經》收入《明清民間宗教經卷文獻》第六冊。

115. 《歷代三寶紀》，收入《大正新脩大藏經》第四十九冊。

116. 《醒世要言》收入《明清民間宗教經卷文獻》第九冊。

117. 《醒夢編》收入《明清民間宗教經卷文獻》第十一冊。

118. 《龍華科儀》收入《明清民間宗教經卷文獻》第六冊。

119. 《龍華寶經》收入《明清民間宗教經卷文獻》第五冊。

120. 《龍華懺》收入《明清民間宗教經卷文獻》第五冊。

121. 《鑰鍉佛寶卷》收入《明清民間宗教經卷文獻》第四冊。

122. 《彌勒古佛下生經》收入《明清民間宗教經卷文獻》第七冊。

123. 《彌勒佛說地藏十王寶卷》收入《明清民間宗教經卷文獻》第七冊。

124. 《彌勒尊經》收入《明清民間宗教經卷文獻》第七冊。

125. 《齋戒述原》收入《明清民間宗教經卷文獻》第九冊。

126. 《歸原寶筏》收入《明清民間宗教經卷文獻》第九冊。

127. 《禮佛雜經》收入《明清民間宗教經卷文獻》第八冊。

128. 《禮秩昭然》收入《明清民間宗教經卷文獻》第八冊。

129. 《羅祖派下八支因果經》收入《明清民間宗教經卷文獻》第六冊。

130. 《覺世正宗》收入《明清民間宗教經卷文獻》第十一冊。

131. 《續高僧傳》，收錄於《大正新修大藏經》第五十冊。

132. 《觀音濟渡本願眞經》收入《明清民間宗教經卷文獻》第九冊。

133. 三峽靈隱寺編，《表文》，（一貫道內資料）。

134. 楊訥編《元代白蓮教資料彙編》，（北京：中華書局，1989 年 6 月）。

135. 王見川、林萬傳主編，《明清民間宗教經卷文獻》，（台北：新文豐出版，1999 年 3 月）。

136. 佚人著，《道統寶鑑》，（台北：正一善書出版社）。

137. 〔宋〕贊寧，《大宋僧史略》，收錄於《大正新脩大藏經》第 54 冊。

138. 〔宋〕釋志磐《佛祖統紀》，（揚州市：江蘇古廣陵古籍刻印社，1992 年）。

139. 林立仁整編，《五部六冊經卷》，（台北：正一善書出版社印行，民國 83 年 6 月）。

140. 金允中編，《上清靈寶大法》，《正統道藏》，第 52、53 冊。

141. 徐氏（劉宋）撰，《三天內解經》，《正統道藏》，第 48 冊。

142. 張希舜等主編，《寶卷初集》40 冊，（太原：山西人民出版社，1994 年）。

（四）專書著作

1. 〔明〕張萱撰，《疑耀》，（台北：臺灣商務印書館，民國 72 年）。

2. 《一貫道紀念專輯》，（台中：國聖出版社，民國 78 年 4 月再版）。

3. 《十條大愿、一條金線》，利生堂印贈，大興圖書公司，（一貫道內書刊）。

4. 《中國大百科全書·宗教卷》，（上海：上海人民出版社，1988 年 11 月）。

5. 《福建通紀》，（台北：台灣大通書局，民國十一年刊本）。

6. 樓宇烈、張志剛主編，《中外宗教交流史》，（長沙：湖南教育出版社出版，1999 年 7 月）。

7. 中華民國一貫道總會編，《一貫道簡介》，（台南：靝巨書局，民國 77 年 1 月）。

8. 王仁湘，《飲食與中國文化》，（北京：人民出版社，1999 年 1 月）。

9. 王見川，《從摩尼教到明教》，（台北：新文豐出版社，民國 81 年 1 月）。

10. 王見川，《臺灣的齋教與鸞堂》，（台北：南天書局，民國 85 年 6 月）。

11. 王明，《抱朴子內篇校釋》，（北京：中華書局。1988 年 7 月第 3 刷）。

12. 平山周，《中國秘密社會史》，（石家庄市：河北人民出版社，1990 年）。

13. 吉岡義豐，《中國民間宗教概論》，（台北：華宇出版社，民國 74 年 6 月）。

14. 吳奚真譯，Plutarch 著，《希臘羅馬名人傳》，（台北：臺灣中華書局，民國 60 年 3 月）。

15. 呂大吉，《宗教學通論》，（北京：中國社會科學出版社，1990 年 10 月）。

16. 孚中，《一貫道發展史》，第貳章〈一貫道溯源〉，（台北：正一善書，1999 年 3 月）。

17. 〔宋〕王質，《雪山集》，收錄於《文淵閣四庫全書》第 1149 冊，（台北：

臺灣商務印書館，民國 72 年）。

18. 宋光宇，《天道傳燈：一貫道與現代社會》上下冊，（台北：三揚印刷出版，民國 85 年）。

19. 宋光宇，《天道鉤沉———一貫道調查報告》，（台北：元祐出版社，民國 73 年 12 月 1 日再版）。

20. 宋軍，《清代弘陽教研究》，（北京：社會科學文獻出版社，2002 年 2 月）。

21. 〔宋〕莊綽，《雞肋編》上卷，（上海：上海書店，1990 年）。

22. 宋楚芸譯，Victor Parachin 著，《365 個素食的好理由》，（台北：遠流出版社，1999 年 8 月）。

23. 〔宋〕葉夢得，《避暑錄話》《筆記小說大觀》三十八編，第三冊，（臺北市：新興書局，民國 74 年）。

24. 〔宋〕廖剛，《高峰文集》，（上海：商務印書館，民 23～24 年），《四庫書珍本》初集，集部，別集類。

25. 李世瑜，《現代華北秘密宗教》，（台北：古亭書屋，民國 64 年 8 月，台一版）。

26. 李輔仁，《仁心與持齋》，（台南：靝巨書局，民國 74 年 1 月初版）。

27. 車錫倫編著《中國寶卷總目》，（台北：中央研究院中國文哲研究所圖書文獻專刊 5，民國 87 年）。

28. 卓新平，《世界宗教與宗教學》，（北京：社會科學文獻出版社，1992 年 6 月）。

29. 卓新平，《宗教理解》，（北京：社會科學文獻出版社，1999 年 9 月）。

30. 孟森，《明清史論著集刊》，（台北：南天書局，民國 76 年 5 月）。

31. 林悟殊，《摩尼教及其東漸》，（台北：淑馨出版社，1997 年 8 月）。

32. 林萬傳，《先天大道系統研究》，（台南：靝巨書局，民國 75 年 4 月訂正二版）。

33. 邵雍，《中國會道門》，（上海：上海人民出版社，1997 年）。

34. 段玉裁，《說文解字》，（台北：黎明文化，民國 73 年 2 月）。

35. 胡孚琛主編，《中華道教大辭典》，（北京：中國社會科學出版社，1995 年 8 月），。

36. 苑洪琪，《中國的宮廷飲食》，（台北：臺灣商務印書館，1998 年 9 月）。

37. 徐小躍，《羅教·佛學·禪學：羅教與《五部六冊》揭秘》，（浙江：江蘇人民出版社，1999 年 2 月）。

38. 馬西沙，《清代八卦教》，（北京：中國人民大學出版社，1988 年）。

39. 馬西沙、韓秉方，《中國民間宗教史》，（上海：上海人民出版社，1992

年 12 月）。

40. 高觀廬編，《實用佛學辭典》，（台北：老古文化事業）。

41. 康樂，《佛教與素食》，（台北：三民書局，民國 90 年 10 月）。

42. 張星烺，《中西交通史料彙編》，（北京：中華書局，1978 年）。

43. 張國蓉、涂世玲譯，John Robbws 著，《新世紀飲食》，（台北：琉璃光出版社，民國 83 年 2 月）。

44. 張澤洪，《道教齋醮符咒儀式》，（成都：巴蜀書社，1999 年 4 月）。

45. 〔清〕黃育楩原著，澤田瑞穗校注，《破邪詳辯》，（道教刊行會，昭和 47 年 3 月）。

46. 〔清〕采蘅子，《蟲鳴漫談》，收錄於《筆記小說大觀》一編；7，（台北：新興書局，民國 67 年）。

47. 莊吉發，《眞空家鄉：清代民間秘密宗教史研究》，（台北：文史哲出版社，民國 91 年 6 月）。

48. 連立昌，《福建秘密社會》，（福州：福建人民出版社，1989 年 2 月）。

49. 陳金田譯，《臺灣私法》，（台中：臺灣省文獻會，民國 82 年 2 月）。

50. 陳哲夫總纂，《中華文明史·清代前期》，（石家庄：河北教育出版社，1994 年 6 月）。

51. 陳觀勝、李培茱譯，Friedrich Max Muller 著，《宗教學導論》，（上海：上海人民出版社，1989 年 11 月）。

52. 喻松青，《明清白蓮教研究》，（成都：四川人民出版社，1987 年）。

53. 馮佐哲、李富華，《中國民間宗教史》，（台北：文津出版社，民國 83 年 4 月）。

54. 楊谷牧主編，《當代神學辭典》，（台北：校園書房，1997 年 4 月初版）。

55. 鄔昆如，《希臘哲學趣談》，（台北：東大圖書，民國 65 年）。

56. 廖素霞、陳淑娟譯，Mircea Eliade 著，《世界宗教理念史》，（台北：商周出版社，2001 年 12 月）。

57. 劉心勇等譯，Daniel L. Overmyer（歐大年）著《中國民間宗教教派研究》，（上海：上海古籍出版社，1993 年 7 月）。

58. 慕容譯，Giorgio Cerquetti 著，《素食革命》，（台北：中天出版社，1999 年 7 月）。

59. 蔣維明，《川楚陝白蓮教起義》，（成都：四川人民出版社，1985 年）。

60. 蔡少卿，《中國秘密社會》，（杭州：浙江人民出版社，1989 年 3 月）。

61. 蔡少卿，《秘密教門：中國民間秘密宗教溯源》，（南京：蘇州人民出版社，2000 年）。

62. 鄭志明，《明代三一教主研究》，（台北：學生書局，1988 年）。

63. 鄭志明，《無生老母信仰溯源》，（台北：文史哲出版社，1985 年）。

64. 戴玄之，《中國秘密宗教與秘密會社》，（台北：臺灣商務印書館，民國 79 年）。

65. 濮文起，《中國民間秘密宗教》，（台北：南天書局，1996 年 8 月）。

66. 濮文起，《中國民間秘密宗教辭典》，（成都：四川辭書出版社，1996 年 10 月）。

67. 薛允升著述;黃靜嘉編校，《讀例存疑重刊本》，（臺北市：成文出版社，1970 年）。

68. 黨聖元、李繼凱，《中國古代道士生活》，（台北：臺灣商務印書館，民國 87 年）。

（五）期刊論文

1. 于君方，〈戒殺與放生：中國佛教對於生態問題的貢獻〉，收入傅偉勳《從傳統到現代：佛教倫理與現代社會》，（台北：三民書局，民國 79 年 10 月）。

2. 方裕謹，〈嘉慶二十年安徽收圓教案（上、下）〉，《歷史檔案》1、2 期，1989 年。

3. 王汎森，〈道咸年間民間性儒家教派：太谷學派研究的回顧〉，《新史學》5 卷 4 期，1994 年 12 月。

4. 王見川，〈臺灣齋教研究之一：金幢教三論〉，收錄於氏著《臺灣的齋教與鸞堂》，（台北：南天書局，民國 85 年 6 月）。

5. 王見川，〈同善社早期歷史（1912～1945）初探〉，氏著《民間宗教》第 1 期，1995 年 12 月。

6. 王見川，〈黃天道早期史新探〉，收入王見川、蔣竹山主編，《明清以來民間宗教的探索：紀念戴玄之教授論文集》，（台北：商鼎出版社，1996 年 7 月）。

7. 王見川，〈臺灣一貫道研究的回顧與展望〉，《思與言》37 卷 2 期，1999 年 6 月。

8. 王見川，〈臺灣鸞堂研究的回顧與前瞻〉，《臺灣史料研究》6 期，1995 年 1 月。

9. 王見川、李世偉，〈戰後以來臺灣的宗教研究概述：以佛、道教與民間宗教為考查中心〉，《臺灣文獻》51 卷 2 期，2000 年 6 月。

10. 王信貴，《清代後期官方對民間秘密宗教之政策》，國立臺灣師範大學歷史學研究所碩士論文，民國 87 年 1 月。

11. 王國維，〈摩尼教流行中國考〉，《亞洲學術雜誌》第 11 期，1921 年。收入其《觀堂集林》第四冊，（北京：中華書局）。

12. 王爾敏，〈秘密宗教與秘密社會之生態環境與社會功能〉，《中央研究院近代史研究所集刊》第 10 期，1981 年。

13. 王銘銘，〈中國民間宗教：國外人類學研究綜述〉，《世界宗教研究》1996年第 2 期。

14. 王靜，〈明代民間宗教反政府活動的諸種表現與特徵〉，《南開大學學報：哲學版》，1987 年 2 月。

15. 牟潤孫，〈宋代摩尼教〉，《輔仁學誌》第 7 卷 1、2 期，1938 年。

16. 何淑宜，〈1891 年熱河東部金丹教、在理教的反教事件〉，《史耘》第 3、4 期，1998 年。

17. 吳晗，〈明教與大明帝國〉，《清華學報》第 13 卷，1941 年。頁 49～85，收入氏著《讀史箚記》，（北京：三聯書局，1956 年）。

18. 宋光宇，〈一個移植的教派：一貫道在宜蘭、汐止、南港一帶的發展（1950～1999）〉，第八屆中國海洋發展史學術研討會論文，2000 年 3 月 31 日。

19. 宋光宇，〈試論「無生老母」信仰的一些特質〉，《中研院史語所集刊》52本 3 分，1981 年。

20. 宋光宇，〈中國秘密宗教研究情形的介紹（一）：一貫道〉，《漢學研究通訊》7 卷 1 期，1988 年 3 月。

21. 宋光宇，〈中國秘密宗教研究情形的介紹（二）：白蓮教〉，《漢學研究通訊》7 卷 2 期，1988 年 6 月。

22. 宋光宇，〈在理教發展簡史〉，《思與言》15～1，民國 66 年。

23. 宋光宇，〈關於善書的研究及其展望〉，《新史學》5 卷 4 期，1994 年 12月。

24. 李世瑜，〈民間秘密宗教史發凡〉，《世界宗教研究》1 期，1989 年。

25. 李世瑜，〈順天保明寺〉，《北京史苑》三，（北京：北京出版社，1985 年）。

26. 李守孔，〈明代白蓮教考略〉，《臺大文史哲學報》4 期，1952 年。

27. 李尚英，〈八卦教的淵源、定名及其與天理教的關係〉，《清史研究》1 期，1992 年。

28. 李尚英，〈天理教新探〉，《華南師院學報》4 期，1981 年。

29. 李尚英，〈乾嘉時期的老官齋教和滋粑教及其反清活動〉，《清史研究通訊》4 期，1989 年。

30. 李尚英，〈震卦教與林清李文成起義（1813）〉，《中國社會科學院研究生院學報》6 期，1987 年。

31. 李健民，〈清嘉慶元年川楚白蓮教起事原因的探討〉，《中研究近史所集刊》22 期，1993 年。

32. 李豐楙，〈節慶祭典的祭品與中國飲食文化————個「常與非常」觀點的考察〉《第五屆中國飲食文化學術研討會論文集》，（台北：財團法人中國飲食文化基金會，民國 85 年 3 月 15 日）。

33. 汪娟，《唐代彌勒信仰研究》，（中國文化大學中國文學研究所碩士論文，民國 79 年 6 月），頁 216。

34. 車錫倫，〈中國寶卷概論〉，氏著《中國寶卷研究論集》，（台北：學海出版社，1997 年 5 月）。

35. 車錫倫，〈中國寶卷概論〉，氏著《中國寶卷研究論集》，（台北：學海出版社，1997 年 5 月）。

36. 周育民，〈一貫道前期歷史初探——兼談一貫道與義和團的關系〉，《近代史研究》，63 期，1991 年 5 月。

37. 周慶生，〈清代祭天文化述略〉，收錄於全國明清檔案資料目錄中心編，《清代天壇暨祭天文化研究檔案資料匯編》，第十九冊。

38. 林伯謙，〈北傳佛教與中國素食文化〉，《東吳中文學報》，民國 87 年 5 月。

39. 林伯謙，〈素食與佛法行持〉，《第五屆中國飲食文化學術研討會論文集》，（台北：財團法人中國飲食文化基金會，民國 87 年 6 月 15 日）頁 331～358。

40. 林國平，〈略論林兆恩的三教合一思想和三一教〉，《福建師範大學學報》2 期，1986 年。

41. 林頓，〈清代四川紅燈教研究〉，《成都大學學報》3 期，1992 年。

42. 林榮澤，《天道普渡：一貫道的興起（1930～1950)》，國立台灣大學歷史學研究所碩士論文，民國 86 年。

43. 林榮澤，《臺灣民間宗教之研究：一貫道「發一靈隱」的個案分析》，（國立臺灣大學三民主義研究所碩士論文，民國 81 年 11 月）。

44. 武秉謙、于穎，〈忻縣一貫道〉，收錄於《近代中國幫會內幕》，（石家莊：群眾出版社，1992 年 9 月）。

45. 邱麗娟，《設教興財：清乾嘉道時期民間秘密宗教經費之研究》，國立台灣師範大學歷史研究所博士論文，民國 88 年 11 月。

46. 邱麗娟，〈近二十年海峽兩岸明清民間秘密宗教研究之回顧與展望（1979～1999)〉，《史耘》6 期，2000 年 9 月。

47. 柯香君，《明代宗教雜劇之研究》，淡江大學中國文學研究所項士論文，民國 91 年。

48. 柳存仁，〈唐代以前拜火教摩尼教在中國之遺痕〉，見氏著《和風堂文集》，（上海：上海古籍出版社，1991 年）。

49. 洪美華，《清代民間秘密宗教中的婦女》，（國立臺灣師範大學歷史研究所碩士論文，1992 年）。

50. 孫培良，〈摩尼教及其東西傳播〉，《西南師範學院學報》1979 年第 4 期。

51. 孫培良，〈摩尼和摩尼教〉，《西南師範學院學報》2 期，1982 年。

52. 徐立強，《梁武帝制斷酒肉之主張與中國佛教素食文化之關係》，（華梵大學東方人文思想研究所碩士論文，民國 89 年 5 月）。

53. 馬西沙，〈八卦教世襲傳教家族的興衰：清前期八卦教初探〉，《清史研究集》四，（成都：四川人民出版社，1986 年）。

54. 馬西沙，〈白蓮教的創成、興起和演變〉，《世界宗教資料》3 期，1986 年。

55. 馬西沙，〈臺灣齋教：金幢教淵源史實辨證〉，教錄於王見川、江燦騰主編《臺灣齋教的歷史觀察與展望》，（台北：新文豐出版社，民國 83 年）。

56. 馬西沙，〈羅教的演變與青幫的形成〉，收入王見川、蔣竹了編《明清以來民間宗教的探索：紀念戴玄之教授論文集》，（台北：商鼎文化出版，1996 年 8 月 15 日）。

57. 馬西沙，〈黃天教源流考略〉，《世界宗教研究》2 期，1985 年。

58. 馬西沙，〈離卦教考〉，《世界宗教研究》1 期，1987 年。

59. 馬西沙、程肅，〈從羅教到青幫〉，《南開史學》1 期，1984 年。

60. 崔玖、林麗美，〈台灣民間食物養生的探討〉，《第五屆中國飲食文化學術研討會論文集》，（台北：財團法人中國飲食文化基金會，民國 87 年 6 月 15 日）。

61. 康樂，〈潔淨、身分與素食〉，《大陸雜誌》102 卷 1 期，民國 90 年 1 月。

62. 張展源譯，Daniel A. Dombrowski 著〈西方素食主義導論（一）〉，《菩提樹》第 506 期。

63. 張展源譯，Daniel A. Dombrowski 著〈西方素食主義導論（二）〉，《菩提樹》第 507 期。

64. 張展源譯，Daniel A. Dombrowski 著〈西方素食主義導論（三）〉《菩提樹》第 508 期。

65. 張展源譯，Daniel A. Dombrowski 著〈西方素食主義導論（四）〉，《菩提樹》第 509 期。

66. 梁武帝，〈斷酒肉文〉，《廣弘明集》卷 26，《大正藏》卷 52。

67. 莊吉發，〈從院藏檔案談清代秘密宗教盛行的原因〉，《故宮學術季刊》卷 1 期 1，民國 71 年。

68. 莊吉發，〈清代八卦教的組織與信仰〉，《中國歷史學會史學集刊》17 期，1985 年。

69. 莊吉發，〈清代八卦教的組織與信仰〉，《中國歷史學會史學集刊》17 期，1985 年。

70. 莊吉發，〈清代三陽教的起源及其思想信仰〉，《大陸雜誌》，卷 63 期 5，民國 70 年。

71. 莊吉發，〈清代民間宗教的寶卷及無生老母信仰〉（上、下），《大陸雜誌》74：4，民國 76 年 5 月。

72. 莊吉發，〈清代青蓮教的發展〉，《大陸雜誌》，卷 71 期 5，民國 74 年。

73. 莊吉發，〈清代乾隆年間的收元教及其支派〉，《大陸雜誌》，卷 63 期 4，民國 70 年。

74. 莊吉發，〈清代清茶門教的傳佈及其思想〉，《大陸雜誌》，卷 68 期 6，民國 73 年。

75. 莊吉發，〈清代道光年間的秘密宗教〉，《大陸雜誌》62 期，民國 70 年。

76. 莊吉發，〈清高宗查禁大乘教的原因及經過〉，《食貨》卷 11 期 6，民國 70 年。

77. 莊吉發，〈清高宗查禁羅教的經過〉，《大陸雜誌》，卷 63 期 3，民國 70 年。

78. 莊吉發，〈清嘉慶年間的白蓮教及其支派〉，《師大歷史學報》期 8 民國 69 年。

79. 莊吉發，〈中國秘密社會史的研究與出版〉，中研院近史所編《六十年來的中國近代史研究》上冊，1988 年。

80. 莊吉發，〈明清秘密宗教的政治意識〉，淡江大學歷史系《中國近代政教關係國際學術研討會論文集》，1978 年。

81. 莊吉發，〈清代民間宗教的源流及其社會功能〉，《大陸雜誌》80 卷 2 期，1991 年。

82. 曾子良，《寶卷之研究》，（國立政治大學中文研究所碩士論文，1998 年 6 月）。

83. 陳垣，〈摩尼教入中國考〉，《國學季刊》第 1 卷第 2 號，1923 年 4 月。

84. 陳華，〈清代咸豐年間山東邱莘教之亂〉，《食貨月刊復刊》13-5、6，民國 72 年。

85. 陳詩啓，〈試論清代中葉白蓮教大起義〉，《夏門大學學報》3 期，1956 年。

86. 陶希聖，〈元代彌勒白蓮教會的暴動〉，《食貨》一卷。

87. 陶希聖，〈宋代的各種暴動〉，《中山文化教育館季刊》，一卷。

88. 陶希聖，〈明代彌勒白蓮教及其他「妖賊」〉，《食貨》，一卷。

89. 喻松青，〈明清時代民間的宗教信仰與秘密結社〉，《清史研究集》第一輯，1980 年。

90. 喻松青，〈明清時期民間宗教教派中的女性〉，《南開大學學報》5 期，1982 年。

91. 喻松青，〈明清時期的民間秘密宗教〉，《歷史研究》2，1987 年。

92. 喻松青，〈清茶門教考析〉，收入《明清史國際學術討論會論文集》，（天津：天津人民出版社，1982 年）。

93. 馮承鈞譯，沙涴、伯希和撰，〈摩尼教流行中國考〉，《西域南海史地考證譯叢八編》，（北京：中華書局，1958 年）。

94. 黃靜華，〈白蓮教及白蓮教亂對中國社會之影響：以清中葉川楚白蓮教亂為例〉，收入於淡江大學中文系主編，《戰爭與中國社會之變動》，（台北：學生書局，1991 年）。

95. 楊品泉，〈中國的千禧年運動：1813 年八卦教起義〉，《中國史研究動態》8 期，1981 年。

96. 葉文心，〈人神之間：淺論十八世紀的羅教〉，《史學評論》2 期，1980 年。

97. 董蔡時，〈試論川楚陝白蓮教農民大起義〉，《文史哲》7 期，1958 年。

98. 路天眞，〈羅教研究小史〉，《台灣宗教研究通訊》1 期，2000 年 1 月。

99. 劉枝萬，〈中國修齋考〉，氏著《中國民間信仰論集》，（台北：中研院民族學研究所，專刊之 22，民國 83 年）。

100. 劉淑芬，〈「年三月十」中古後期的斷屠與齋戒〉（上、下），《大陸雜誌》104 卷 1 期、2 期，民國 91 年 1 月、2 月。

101. 劉壎，〈蓮社萬緣堂記〉，收入《元代白蓮教資料彙編》，前揭書。

102. 蔣斧，〈摩尼教流行中國考略〉，載《敦煌石室遺書》，1909 年。

103. 蔡彥仁，〈宗教史與末運動研究：以基督教之興起為例〉，《新史學》十卷二期，1999 年 6 月。

104. 鄭志明，〈近五十年來臺灣地區民間宗教之研究與前瞻〉，《臺灣文獻》52 卷 2 期，2001 年 6 月。

105. 鄭志明，〈夏教的宗教體系及其善書思想〉，氏著《中國善書與宗教》，（台北：學生書局，1988 年 6 月）。

106. 戴玄之，〈十九世紀白蓮教亂之分析〉，《大陸雜誌》50 卷 4 期，1975 年。

107. 戴玄之，〈白蓮教的本質〉，《臺灣師大學報》第 12 期，1967 年。

108. 戴玄之，〈老官齋教〉，《大陸雜誌》54 卷 6 期，1977 年。

109. 濮文起，〈天地門教鉤沉〉，《天津社會科學》1 期，1993 年。

110. 謝必震，〈古田教案起因新探〉，《近代史研究》1988 年第一期。

111. 謝定源，〈中國素食文化的發生發展及傳播區域〉，《中國飲食文化期金會會訊》，2003 年 1 月。

112. 謝忠岳，〈大乘天眞圓頓教考略〉，《世界宗教研究》2 期，1993 年。

113. 鍾雲鶯，《民國以來民間教派大學中庸思想之研究》，（國立政治大學中文研究所博士論文，2000 年 6 月）。

114. 韓秉方，〈中國的民間宗教〉，收錄於湯一介主編，《中國宗教：過去與現在》，（北京：北京大學出版社，1992 年 10 月）。

115. 韓秉方，〈紅陽教考〉，《世界宗教研究》4 期，1985 年。

116. 瞿同祖，〈清律的繼承和變化〉，《歷史研究》第四期（北京：中國社會科學出版社，1980 年 8 月）。

117. 羅爾綱，〈中國秘密社會史〉，《出版周刊》第 120 期，民國 24 年。

118. 顧奎相，〈清末金丹道教起義初探〉，《遼寧大學學報》2 期，1980 年。

二、日文部份

1. 八幡關太郎，〈道成時代に於ける北支の黃崖教〉，《東洋》39-11，1936年。

2. 丸井圭治郎編修，《臺灣宗教調查報告書》卷一，（臺灣總督府，大正八年三月三十日）。

3. 夫馬進，〈明代白蓮教の一考察：經濟斗爭との關連と新しい共同体〉，《東洋史研究》35-1，1976 年。

4. 平山力，〈支那に於はち彌勒教匪と天命思想〉，《京城大史學會》17 期，1941 年。

5. 末光高義，《支那の秘密結社と慈善結社》，（滿州評論社，昭和 7 年）。

6. 矢吹慶輝，《摩尼教》，（東京：岩波書店，昭和十一年）。

7. 吉岡義豐，〈羅祖の宗教〉，《大正大學學報》37，1950 年。

8. 佐佐木正哉，〈嘉慶年間の白蓮教結社：林〔清〕李文成集團の場合〉，《國學院雜誌》77-3，1976 年。

9. 佐藤公彥，〈1891 年熱河の金丹道蜂起〉，《東洋史研究》43-2，1984 年。

10. 佐藤公彥，〈清代白蓮教の史的展開〉，《續中國民眾反亂の世界》，（東京汲古書院，1983 年 6 月）。

11. 竺沙雅章，〈喫菜事魔について〉，《青山博士古稀紀念宋代史論叢》，（東京，1974 年）頁 239～262。

12. 竺沙雅章，〈喫菜事魔について〉，收入《青山博士古稀紀念宋代史論叢》，（東京，1974 年 9 月）。

13. 竺沙雅章，〈方臘の亂と喫菜事魔〉，《東洋史研究》32-4，1974 年。

14. 長谷部幽蹊，〈天道會とその傳道の實態〉，《宗教研究》53-2，1980 年。

15. 相田洋，〈羅教の成立とその展開〉，《續中國民眾反亂の世界》，（青年中國研究者會議編，汲古書院，1983 年）。

16. 重俊重松，〈唐宋時代の末尼教と魔教問題〉，《史淵》12 期，1963 年。

17. 重俊重松，〈唐宋時代の彌勒教匪：附更正佛教匪〉，《史淵》3 期，1931

年。

18. 酒井忠夫，《中國善書の研究》，（東京：弘文堂，1960 年）。

19. 酒井忠夫，〈弘陽教試探〉，《天理大學學報》24、25 期，1957 年。

20. 酒井忠夫，〈明末無爲教についこ〉，《東洋史學論集》3 期，1954 年。

21. 酒井忠夫，〈道光白陽教始末〉，《東方學論集》1 期，1954 年。

22. 淺井紀，《明清時代民間宗教結社の研究》，（東京：研文出版社，1990 年 9 月）。

23. 淺井紀，〈明末の聞香教についこ〉，《明代史研究》6 期，1978 年。

24. 淺井紀，〈道光青蓮教案について〉，《東海史學》第 11 號，1977 年。

25. 淺井紀，〈明末における奢安の亂と白蓮教〉，《史學》47-3，1976 年。

26. 淺井紀，〈羅教の繼承と變容——無極正派〉，《和田博開教授古稀記念明清時代の法と社會》，（汲古書屋，1993 年）。

27. 深谷富二郎，〈マニ教に就いて〉，《史觀》21 冊，昭和十六年。

28. 野口鐵郎，《明代白蓮教史の研究》，（東京：雄山閣出版，昭和 61 年 2 月 20 日）。

29. 野口鐵郎，〈眞空教と無爲教〉，《歷史人類》9 期，1980 年。

30. 野口鐵郎，〈明代宗教結社の經濟活動〉，《橫濱國立大學人文紀念》，（第一類）14 期，1968 年。

31. 塚本善隆，〈羅教の成立と流傳についこ〉，《東方學報》，（京都）17，1949 年。

32. 道端良秀，《中國佛教社會經濟史の研究》，（東京：平樂寺書店，昭和 58 年 6 月）。

33. 鈴木中正，《千年王國的民眾運動の研究》，（東京：東京大學出版會，1982 年 2 月 28 日）。

34. 鈴木中正，《清代中期史研究》，（東京：愛知大學，1952）。

35. 鈴木中正，〈清中期雲南張保太の大乘教〉，《東洋史研究》36-4，1978 年。

36. 鈴木中正，《中國史における革命と宗教》，（東京：東京大學出版，昭和 48 年）。

37. 鈴木中正，〈羅教についこ：清代支那宗教結社の一例〉，《東洋文化研究所紀要》1 期，1943 年。

38. 鈴木中正《千年王國的民眾運動の研究》，（東京：東京大學出版，1982，年）。

39. 筱原壽雄《台灣における一貫道の思想と儀禮》，（東京：平河出版社，1993 年 5 月）。

40. 諏訪義純，《中國中世佛教史研究》，（東京：大東出版社，昭和 63 年 5 月）。

41. 澤田瑞穗，《寶卷の研究》，（東京：采華書林，1963 年）。

42. 澤田瑞穗，〈八卦教源流〉，《國學院雜誌》55-1，1953 年。

43. 澤田瑞穗，〈羅祖の無爲教〉（上、下），《東方宗教》1、2，1951 年。

44. 澤田瑞穗，《增補寶卷の研究》，（圖書刊行會，1975 年）。

三、英文部份

1. Arthur P.Wolf, *Religion and Ritual in Chinese Society*（Stanford, Stanford University Press 1974）

2. Barend, J.Ter Harr, The White Lotus Teachings in Chinese Religious History,（Leiden:E.J.Brill, 1992）

3. Chu Yung-deh R. *An Introductory Study of the With Lotus Sect in Chinese History* Ph.D.diss.,（Columbia University,1967）

4. Colin Spencer, *Vegetarianism: A History*（New York: Four Walls Eight Windows, 2002）

5. Daniel A. Dombrowski, *The Philosophy of Vegetarianism*,（The University of Massachusetts Press, 1984）

6. David K. Jordan & Daniel L. Overmyer, *The Flying Phoenix: Aspects of Chinese Sectarianism in Taiwan*（Princeton:Princeton University Press,1986）

7. DeGroot,J.J.M. *The Religious System of China* 6 vols.（Leiden: E.J.Brill, 1892～1904）

8. Edited by Kerry S. Walters and Lisa Portmess, *Religious Vegetarianism: From Hesiod to the Dalai Lama*,（State University of New York Press, 2001）

9. Edward Mcnall Burns、Robert E. Lerner、Standish Meacham, *Western Civilizations*, Tenth Edition（University of Texas at Austin, 1984）

10. Frances Moore Lappe, *Diet for a Small Planet,*（Ballantine,1992）

11. Gerd Theissen, *Sociology of Early Palestinian Christianity* tr. John Bowden（Philadelphia: Fortress, 1978; originally published in German, Soziologie der Jesusbewegung, 1977）

12. Grolier Incorporated, *The encyclopedia Americana,* 29V.（Danbury, Conn. : Grolier, 1991）

13. John G.Gager, *Kingdom and Community: The Social World of Early Christianity*（Englewood Cliffs: Pretice-Hall, Inc., 1975）

14. Joseph W.Esherick *The Origins of The Boxer Uprising* University of California Press,1987

15. Kelley,David E. "Temples and Tribute Fleets: The Luo Sect and Boatmen's Associations in the Eighteenth Century", *Modern China*, 8,3:361-391.

16. Kerry S. Walters and Lisa Portmess, *Ethical Vegetarianism: From Pythagoras to Peter Singer*（New York: State University of New York Press, 1999）

17. Kristopher Schipper "The written memorial in Taoist ceremorial", *Religion and Ritual in Chinese Society*, Arthur Wolf ed.,（Stanford, 1974）

18. Lieu, S.N.C., "Manichaeism in the late Roman Empire and Medieval China, a Historical Survey." *Manchester,*1985., *Tubingen*1992.

19. Martin Hengel , *The Charismatic Leader and His Followers*（New York: Crossroad, 1981; originally published in German, Nachfolge und Charisma, 1968）

20. Naquin,Susan, *Millenarian rebellion in China : the Eight Trigrams uprising of 1813* , New Haven : Yale University Press, 1976

21. Richard Reitzenstein, *Poimandres*,（repr., Darmstadt, 1966）

22. Robert Smith, *Peasant Society and Culture*,（Chicago, 1956）

23. Robert Weller, *Unities and Diuersities in Chinese Religion*,（McMillan, 1987）

24. Rynn Berry *Famous Vegetarians & Their Favorite Recipes*（New York: Pythagorean Publishers, 2003）

25. Stephan Feuchtwang, "School、temper and city god", *Studies in Chinese Society*, Arthur Wolf ed.,（Stanford, 1978）pp.103～130

26. Steven Sangren, *History and Magical Power in a Chinese Community*,（Stanford, 1987）

27. *The Encyclopedia of religion*（New York: Macmillan Publishing Company, 1986）

28. Wayne A.Meeks, *The First Urban Christians: The Social Worlds of the Apostle Paul*（New Haven & London: Yale University Press, 1983）

29. William Skinner, "Cities and the hierarchy of local systems", *Studies in Chinese Society*,（Stanford, Arthur Wolf ed., 1978）

30. Yank, C. K. *Religion in Chinese Society*（Berkely:University of California Press, 1970）

附表一 清代檔案所見民間宗教教派活動統計表（依年代順序排列）

教派名稱	年代	西元年月	地　點	吃齋與否	備註
東大乘教	崇德 1 年	16361000	遼寧錦州	吃齋	B
善友會	崇德 1 年	16361000	遼寧錦州	吃齋	A
大成教	順治 1 年	16440000	直隸	吃齋	A
白蓮教	順治 1 年	16440000	直隸	吃齋	A
混元教	順治 1 年	16440000	直隸	吃齋	A
無爲教	順治 1 年	16440000	直隸	吃齋點燭	A
聞香教	順治 1 年	16440000	直隸	吃齋	C
大成教	順治 2 年	16450000	直隸眞定府、深州武強縣	吃齋	A
東大乘教	順治 2 年	16450000	陝西	吃齋	B
善友會	順治 2 年	16450200	直隸宣化縣	吃齋	A
大成教	順治 3 年	16460700	直隸	吃齋	A
大成教	順治 4 年	16471000	山西絳州	吃齋	A
三寶大教	順治 5 年	16480200	陝西興安州、長安縣	不詳	
天地門教	順治 7 年	16500000	山東商河縣	無	B
白蓮教	順治 8 年	16510200	直隸曲周縣	吃齋	A
天圓教	順治年間	16520000	浙江杭州、蘭谿縣	吃齋	A
弘陽教	順治年間	16520000	直隸京畿	吃齋	A
圓頓教	順治 9 年	16520000		吃齋	A
三一教	順治 12 年	16550000		無	B
東大乘教	順治 13 年	16560700		吃齋	B
無爲教	順治 15 年	16580000	山西平陽府、夏縣	吃齋點燭	A
大成教	順治 16 年*	16590300	廣東廣州	吃齋	A

大乘教	順治 16 年	16590600	江蘇池州府	喫齋	A
大乘教	順治 16 年	16590600	江蘇溧陽縣	喫齋	A
大成教	順治 17 年	16600100	廣東番禺縣	吃齋	A
五葷道收元教	康熙初年	16630000	山東單縣	吃齋	A
弘陽教	康熙 11 年	16721200	直隸	吃齋	A
黃天道	康熙 11 年	16721200	直隸	吃齋	A
羅祖教	康熙 16 年	16770000	江蘇蘇州	吃齋	A
聖人教	康熙 19 年	16800500	直隸	不詳	
羅祖教	康熙 25 年	16860000	廣東乳源縣	吃齋	A
羅祖教	康熙 26 年	16870000	廣東乳源縣	吃齋	A
弘陽教	康熙 27 年	16880000	奉天	吃齋	A
弘陽教	康熙 28 年	16890000	奉天	吃齋	A
大乘教	康熙年間	16910000	直隸灤州	喫齋	A
源洞教	康熙 30 年	16910000	山西安邑縣	吃齋	A
天圓教	康熙 39 年	17000000	浙江杭州	吃齋	A
黃天教	康熙 41 年	17020000	直隸萬全縣	吃齋	A
收元教	康熙 44 年	17050000	山西定襄縣	吃齋	A
收元教	康熙 45 年	17060000	山東單縣	吃齋	A
羅祖教	康熙 48 年	17090000	廣東乳源縣	吃齋	A
大乘教	康熙 52 年	17130000	江蘇蘇州	喫齋	A
八卦教	康熙 53 年	17140000	山東城武縣	無	D
白蓮教	康熙 56 年	17170000	山東、河南	吃齋	A
收元教	康熙 56 年	17170000	山東單縣	吃齋	A
神捶教	康熙 56 年	17170000	山東、河南	不詳	
白蓮教	康熙 57 年	17180000	山東、河南	吃齋	A
弘陽教	康熙 58 年	17190000	奉天	吃齋	A
收元教	康熙 58 年	17190000	山西、山東	吃齋	A
羅祖教	康熙 60 年	17210000	廣東乳源縣	吃齋	A
一炷香教	雍正 1 年	17230000	山東	無	D
大成教	雍正 1 年	17230000	山東	吃齋	A
白蓮教	雍正 1 年	17230000	河南	吃齋	A
空字教	雍正 1 年	17230000	山東	吃齋	A

無爲教	雍正 1 年	17230000	山東	吃齋點燭	A
羅祖教	雍正 1 年	17230000	山東、浙江、江西	吃齋	A
空字教	雍正 2 年	17240300	山東安邱縣	無	A
順天教	雍正 2 年	17240600	直隸邢台縣	持齋	A
大成教	雍正 2 年	17240900	江蘇邳州	吃齋	A
空子教	雍正 2 年	17240900	山東東平州、魚台縣	吃齋	A
混元教	雍正 3 年	17250000	山西長子縣	喫齋念經	A
無爲教	雍正 3 年	17250000	浙江永嘉縣、福建	吃齋	A
羅祖教	雍正 3 年	17250000	廣東樂昌縣	吃齋	A
道心教	雍正 3 年	17250500	福建、浙江	不詳	
白蓮教	雍正 3 年	17250900	山西長子縣	吃齋	A
收元教	雍正 5 年	17270000	山西定襄縣	吃齋	A
長生教	雍正 5 年	17270000	浙江西安縣	持齋	A
哈哈教	雍正 5 年*	17270300	河南	不詳	
悟眞教	雍正 5 年*	17270300	河南	不詳	
橋樑教	雍正 5 年*	17270300	河南	吃齋	A
龍華會	雍正 5 年	17270600	山西澤州	忌葷吃齋	A
龍華會	雍正 5 年	17271000	山西澤州	忌葷吃齋	A
羅祖教	雍正 5 年	17271000	浙江金衛所	吃齋	A
羅祖教	雍正 5 年	17271100	浙江杭州	吃齋	A
三元會	雍正 6 年	17280000	山東嶧縣	吃齋	A
白蓮教	雍正 6 年	17280000	山西長子縣	吃齋	A
混沌教	雍正 6 年	17280000	山西長子縣	吃齋	A
羅祖教	雍正 6 年	17280100	江蘇蘇州	吃齋	A
空子教	雍正 6 年	17280700	山東高密縣	吃齋	A
三元會空字教	雍正 6 年	17280800	山東邑昌縣	喫本命齋	A
一字教（龍華會）	雍正 7 年	17290000	江西臨川縣	吃齋	C
無爲教	雍正 7 年	17290000	直隸永平府	吃齋	A
無爲教	雍正 7 年	17290000	浙江縉雲縣	吃齋點燭	A
羅祖教	雍正 7 年	17290000	江西南安府	吃齋	A
三元會空字教	雍正 7 年	17290700	山東青萊二府	喫齋唸佛	A
無爲教	雍正 7 年	17291000	福建汀州府	吃齋點燭	A

大成教三乘教	雍正 7 年	17291200	江西南安贛州、吉安瑞州	喫素修行	A
大乘教	雍正 8 年	17300000	雲南大理府	喫齋	A
羅祖教	雍正 8 年	17300200	江西南安府	持齋唸經	A
大成教	雍正 9 年	17310400	湖北羅山縣	吃齋	A
大成教	雍正 9 年	17310400	湖北黃安縣	吃齋	A
三皇聖祖教（白陽會）	雍正 10 年	17320000	江西南昌府	吃齋	C
大乘教	雍正 10 年	17320000	直隸	喫齋	A
收元教	雍正 10 年	17320000	山東、山西	吃齋	A
大成教	雍正 10 年	17320100	江蘇陽湖縣	茹素誦經	A
儒理教（摸摸教）	雍正 10 年	17320500	直隸隆平縣、唐山縣	不詳	
大成教	雍正 10 年	17321100	直隸灤州	吃齋唸經	A
大成教	雍正 10 年	17321200	直隸灤州、深州	吃齋	A
大成教	雍正 10 年	17321200	河南	吃齋	A
衣法教	雍正 10 年	17321200	直隸饒陽縣	無	D
朝天一炷香教	雍正 12 年	17340300	山東高唐州	無	D
羅教	雍正 12 年	17340900	江西	喫齋誦經	A
三皇聖祖教	雍正 12 年	17341100	江西	吃齋	C
三乘會	雍正 12 年	17341200	江南南陵縣	喫齋	A
皇天教	雍正 13 年	17350000	山西平定州	不詳	
三乘會（茲粑教）	雍正 13 年*	17350400	江南南陵縣	喫齋	A
三乘會（茲粑教）	雍正 13 年	17350500	江南南陵縣	喫報恩齋	A
黃天道	雍正 13 年	17350800	直隸清苑縣	吃齋	A
大乘教	雍正 13 年	17350900	雲南大理府	喫齋	A
一炷香教	雍正 13 年	17351100	直隸	無	D
大成教	雍正 13 年	17351100	直隸	吃齋	A
老君會	雍正 13 年	17351100	直隸	無	D
清淨無爲教	雍正 13 年	17351100	直隸	吃齋	A
朝陽會	雍正 13 年	17351100	直隸	不詳	
羅爺教	雍正 13 年	17351100	直隸	不詳	
大乘教	乾隆 1 年	17360000	雲南、四川	喫齋	A
大乘教	乾隆 3 年	17380000	四川	喫齋	A

大乘教	乾隆 3 年	17380000	江蘇常州府	喫齋	A
西來教（燃燈教）	乾隆 4 年	17390000	江蘇常州府	吃齋	C
大乘教	乾隆 5 年	17400000	廣東樂昌縣	喫齋	A
山西老會	乾隆 5 年	17400000	山西介休縣	不詳	
白蓮教	乾隆 5 年	17400000	河南	吃齋	A
收緣會	乾隆 5 年	17400000	直隸沙河縣	吃齋	A
燃燈教（大乘教）	乾隆 5 年	17400000	江蘇太倉府	吃齋	C
清淨無爲教	乾隆 6 年	17410000	直隸	吃齋	A
白蓮教	乾隆 6 年	17410626	湖廣安陸府	吃齋	A
收源教	乾隆 7 年	17420000	山西	吃齋	A
榮華會	乾隆 7 年	17420000	直隸通州	吃齋	A
龍天道	乾隆 7 年	17420000	山東新城縣	不詳	
龍華會	乾隆 10 年	17451119	江蘇丹徒縣	忌葷吃齋	A
大乘教	乾隆 11 年	17460000	雲南、貴州、四川	喫齋	A
大乘教	乾隆 11 年	17460000	雲南	喫齋	A
大乘教	乾隆 11 年	17460000	陝西西安	喫齋	A
四正香教	乾隆 11 年	17460000	山西、陝西	不詳	
拜祖教	乾隆 11 年	17460000	陝西	不詳	
紅陽教	乾隆 11 年	17460000	直隸	吃齋	A
無爲教	乾隆 11 年	17460000	直隸宛平縣	吃齋點燭	A
無極教（大乘教）	乾隆 11 年	17460000	四川	吃齋	C
彌勒教	乾隆 11 年	17460000	湖北襄陽縣	吃齋	A
羅祖教	乾隆 11 年	17460000	福建政和等縣	吃齋	A
橋樑會	乾隆 12 年	17470000	山西臨汾縣	吃齋	A
大乘教	乾隆 12 年	17470117	貴州貴筑等縣	喫齋	A
大乘教	乾隆 12 年	17470326	貴州	吃齋	A
一字教（龍華會）	乾隆 13 年	17480000	江西石城縣	吃齋	C
大乘教	乾隆 13 年	17480000	江西龍南縣	喫齋	A
收元教	乾隆 13 年	17480000	山西定襄縣	吃齋	A
金童教	乾隆 13 年	17480000	福建甫田等縣	持齋	B
長生道	乾隆 13 年	17480000	浙江紹興府	持齋	A
祖師教	乾隆 13 年	17480000	福建海澄縣	不詳	

老官齋教	乾隆 13 年	17480303	福建	入會吃齋	A
老官齋教	乾隆 13 年	17480308	福建	入會吃齋	A
老官齋教	乾隆 13 年	17480314	福建	入會吃齋	A
老官齋教	乾隆 13 年	17480319	福建	入會吃齋	A
老官齋教	乾隆 13 年	17480321	福建	入會吃齋	A
老官齋教	乾隆 13 年	17480325	浙江	入會吃齋	A
老官齋教	乾隆 13 年	17480327	福建	入會吃齋	A
老官齋教	乾隆 13 年	17480402	福建	入會吃齋	A
老官齋教	乾隆 13 年	17480407	福建	入會吃齋	A
老官齋教	乾隆 13 年	17480409	福建	入會吃齋	A
老官齋教	乾隆 13 年	17480418	福建	入會吃齋	A
收元教	乾隆 13 年	17480422	河南	吃齋	A
收元教	乾隆 13 年	17480423	直隸	吃齋	A
鐵船教	乾隆 13 年	17480423	四川	無	D
老官齋教	乾隆 13 年	17480427	福建	入會吃齋	A
收元教	乾隆 13 年	17480428	河南	吃齋	A
老官齋教	乾隆 13 年	17480512	福建	入會吃齋	A
老官齋教	乾隆 13 年	17480519	福建	入會吃齋	A
大乘教	乾隆 13 年	17480520	江西	吃齋	A
羅教	乾隆 13 年	17480527	廣東、廣西	吃齋	A
老官齋教	乾隆 13 年	17480529	福建	入會吃齋	A
收元教	乾隆 13 年	17480603		吃齋	A
老官齋教	乾隆 13 年	17480604	福建	入會吃齋	A
白蓮教	乾隆 13 年	17480609	山西	吃齋	A
老官齋教	乾隆 13 年	17480615	福建	入會吃齋	A
老官齋教	乾隆 13 年	17480626	福建	入會吃齋	A
大乘教	乾隆 13 年	17480627	湖南	吃齋	A
大乘教	乾隆 13 年	17480703	雲南、貴州	吃齋	A
老官齋教	乾隆 13 年	17480703	福建	入會吃齋	A
大乘教	乾隆 13 年	17480723	江西	吃齋	A
老官齋教	乾隆 13 年	17480801	福建	入會吃齋	A
大乘教	乾隆 13 年	17480824	四川	吃齋	A

收元教	乾隆 13 年	17480930	山西	吃齋	A
老官齋教	乾隆 13 年	17481026	福建	入會吃齋	A
老官齋教	乾隆 13 年	17481111	福建	入會吃齋	A
老官齋教	乾隆 13 年	17481212	江西	入會吃齋	A
羅教	乾隆 13 年	17481225	福建	吃齋	A
羅教	乾隆 14 年	17490111	貴州	吃齋	A
老官齋教	乾隆 14 年	17490226	福建	入會吃齋	A
老官齋教	乾隆 14 年	17490325	福建	入會吃齋	A
老官齋教	乾隆 14 年	17490517	福建	入會吃齋	A
羅教	乾隆 14 年	17490517	福建	吃齋	A
大乘無爲教	乾隆 14 年	17490616	廣東	吃齋	A
羅教	乾隆 14 年	17490714	江西	吃齋	A
大乘教	乾隆 15 年	17490818	廣東	吃齋	A
羅教	乾隆 14 年	17490827	湖南	吃齋	A
羅祖教	乾隆 15 年	17500000	廣東	吃齋	A
三元會	乾隆 17 年	17520000	山東嶧縣	吃齋	A
白蓮教	乾隆 17 年	17520000	湖北羅田縣	吃齋	A
橋樑會（無爲教）	乾隆 17 年	17520412	山西臨汾縣	吃齋	A
橋樑會（無爲教）	乾隆 17 年	17520728	山西臨汾縣	吃齋	A
混元教	乾隆 18 年	17530000	山西長治縣	吃齋	A
混元教	乾隆 18 年	17530000	直隸	吃齋	A
榮華會	乾隆 18 年	17530000	直隸、河南	吃齋	A
龍華會	乾隆 18 年	17530719	浙江寧波	忌葷吃齋	A
羅教	乾隆 18 年	17530719	浙江寧波	吃齋	A
羅教	乾隆 18 年	17530806	浙江寧波	吃齋	A
大乘教	乾隆 20 年	17550000	湖北應城縣	喫齋	A
收緣會	乾隆 21 年	17560000	直隸	吃齋	A
榮華會	乾隆 21 年	17560000	河南	吃齋	A
榮華會	乾隆 22 年	17570000	河南洧川縣	吃齋	A
在理教	乾隆 24 年	17590000	天津	吃齋	B
天圓教	乾隆 28 年	17630000	江蘇蘇州	吃齋	A
無爲教	乾隆 28 年	17630000	浙江錢塘等縣	吃齋點燭	A

榮華會（收元教）	乾隆 28 年	17630300	河南、湖北	吃齋	A
黃天道	乾隆 28 年	17630327	直隸萬全衛	持齋	A
黃天道	乾隆 28 年	17630401	山西	持齋	A
黃天道	乾隆 28 年	17630405	直隸萬全衛	持齋	A
黃天道	乾隆 28 年	17630412	直隸萬全衛	持齋	A
黃天道	乾隆 28 年	17630414	直隸萬全衛	持齋	A
天圓教	乾隆 28 年	17630627	浙江杭州、湖州	吃齋	A
天圓教	乾隆 28 年	17630722	浙江杭州、湖州	吃齋	A
天圓教	乾隆 28 年	17630808	浙江杭州、湖州	吃齋	A
大乘教	乾隆 29 年	17640000	江蘇蘇州	喫齋	A
白陽教	乾隆 29 年	17640000		吃齋	A
在理教	乾隆 30 年	17650000	天津	吃齋	B
長生教	乾隆 31 年	17660000		吃齋	A
義和拳	乾隆 31 年	17660000	山東	無	D
大乘教	乾隆 33 年	17680000	江蘇蘇州	吃齋	A
黃天道	乾隆 33 年	17680000	直隸	吃齋	A
龍華會	乾隆 33 年	17680000	甘肅文縣	忌葷吃齋	A
彌勒教	乾隆 33 年	17680000	貴州思南府	吃齋	A
羅祖教	乾隆 33 年	17680000	浙江杭州	吃齋	A
大乘教	乾隆 33 年	17680910	浙江杭州	喫齋	A
果子教	乾隆 33 年	17680918	江蘇	不詳	A
長生教	乾隆 33 年	17680918	江蘇	吃齋	A
收元教	乾隆 33 年	17680919	河南	吃齋	A
羅教	乾隆 33 年	17680928	浙江	吃齋	A
大乘教	乾隆 33 年	17681001	江蘇	吃齋	A
長生教	乾隆 33 年	17681001	浙江	吃齋	A
無為教	乾隆 33 年	17681001	江蘇蘇州	吃齋	A
龍華會	乾隆 33 年	17681013	河南	吃齋	A
羅教	乾隆 33 年	17681130	浙江	吃齋	A
無為教	乾隆 34 年	17690000	浙江江陰等縣	吃齋點燭	A
紅陽教	乾隆 34 年	17690212	直隸	吃齋	A
長生教	乾隆 34 年	17690319	江蘇蘇州、常州	持齋	A

三元會	乾隆 34 年	17691004	湖北江陵縣	吃齋	A
未來教	乾隆 34 年	17691004	湖北江陵縣	吃齋	A
天圓教	乾隆 34 年	17691201	浙江湖州	吃齋	A
長生教	乾隆 34 年	17691201	浙江	持齋	A
未來教	乾隆 34 年	17691202	湖北江陵縣	吃齋	A
大乘無爲教	乾隆 34 年	17691212	江蘇蘇州	喫齋	A
圓頓教	乾隆 35 年	17700000	山西	吃齋	A
白陽教	乾隆 36 年	17710000	河南杞縣	入教吃齋	A
白陽教	乾隆 36 年	17710000	直隸東安等縣	入教吃齋	A
白陽教	乾隆 36 年	17710000	江蘇江都等縣	入教吃齋	A
白陽教	乾隆 36 年	17710000	安徽天長、盱眙	入教吃齋	A
未來教	乾隆 37 年	17720000	河南桐柏縣	吃齋	A
收元教	乾隆 37 年	17720000	山東單縣	吃齋	A
收元教	乾隆 37 年	17720000	直隸容城等縣	吃齋	A
羅祖教	乾隆 37 年	17720000	江西寧都州	吃齋	A
清水教（八卦教）	乾隆 37 年	17720302	河南	無	D
清水教	乾隆 37 年	17720307	山東	無	D
白陽教	乾隆 37 年	17720312	河南	入教吃齋	A
白陽教	乾隆 37 年	17720320	直隸東安等縣	入教吃齋	A
清水教	乾隆 37 年	17720403	山東	無	D
清水教	乾隆 37 年	17720413	河南	無	D
白陽教	乾隆 37 年	17720501	江蘇	入教吃齋	A
八卦教	乾隆 37 年	17720520	山東單縣	無	D
八卦教	乾隆 37 年	17720601	河南	無	D
白陽教	乾隆 37 年	17720829	江蘇	吃齋	A
收元教	乾隆 37 年	17720829	河南	吃齋	A
喫素教	乾隆 37 年	17720829	江蘇崇明等縣	吃齋	A
收元教	乾隆 37 年	17720920	江蘇銅山縣	吃齋	A
太陽經教	乾隆 38 年	17730000	湖北應山縣	不詳	
圓頓教	乾隆 38 年	17730000	甘肅	吃齋	A
清水教	乾隆 39 年	17740800	山東臨清等縣	無	D
一炷香如意教	乾隆 40 年	17750000	奉天承德等縣	無	D

未來真教	乾隆 40 年	17750000	直隸清河縣	吃齋	C
混元紅陽教	乾隆 40 年	17750000	奉天海城縣	吃齋	A
混元教	乾隆 40 年	17750000	安徽亳州	吃齋	A
無為教	乾隆 40 年	17750000	浙江遂昌縣	吃齋點燭	A
紅陽教	乾隆 40 年	17750200	直隸	吃齋	A
混元教	乾隆 40 年	17750327	河南鹿邑縣	吃齋	A
清水教	乾隆 40 年	17750917	山東	無	D
青陽教（紅陽教）	乾隆 40 年	17751012	河南鹿邑縣	吃齋	C
紅陽教	乾隆 41 年	17760000	錦州	吃齋	A
元頓教（圓頓教）	乾隆 42 年	17770000	甘肅河州	吃齋	A
沒劫教	乾隆 42 年	17770000	河南	不詳	
悄悄會（圓頓教）	乾隆 42 年	17770000	甘肅	吃齋	A
混元教	乾隆 42 年	17770000	河南	吃齋	A
離卦教	乾隆 42 年	17770000	山東館陶縣	無	D
乾卦教	乾隆 43 年	17780000	直隸元城縣	無	D
震卦教	乾隆 43 年	17780000	直隸元城縣	無	D
收源教	乾隆 43 年	17781211	山西安邑、陽曲等縣	吃齋	A
源洞教	乾隆 43 年	17781211	山西安邑、陽曲等縣	吃齋	A
收源教	乾隆 43 年	17781226	山西安邑、陽曲等縣	吃齋	A
源洞教	乾隆 43 年	17781226	山西安邑、陽曲等縣	吃齋	A
混元教	乾隆 44 年	17790000	河南商邱縣	吃齋	A
八卦教	乾隆 45 年	17800000	直隸	無	D
白蓮教	乾隆 45 年	17800000	山東曹縣	吃齋	A
空字教	乾隆 45 年	17800000	湖北孝感縣	吃齋	A
紅陽教	乾隆 45 年	17800000	山西平遙縣	吃齋	A
大乘教	乾隆 45 年	17801100	福建建寧縣	吃齋	A
羅祖大乘教	乾隆 45 年	17801216	福建	吃齋	A
無為教	乾隆 46 年	17810000	山西介休縣	吃齋點燭	A
離卦教	乾隆 46 年	17810000	山東館陶縣	無	D
羅祖三乘教	乾隆 46 年	17810000	江西贛縣、四川巴州	吃齋	A
羅祖教	乾隆 46 年	17810000	安徽亳州	吃齋	A
羅祖大乘教	乾隆 46 年	17810110	福建	吃齋	A

羅教	乾隆 46 年	17810202	江西	吃齋	A
羅祖教	乾隆 46 年	17810703	湖北應城縣	吃齋	A
羅教	乾隆 46 年	17810804	江西	吃齋	A
羅教	乾隆 46 年	17810901	江西	吃齋	A
白蓮教	乾隆 47 年	17820000	河南虞城縣	吃齋	A
收元教	乾隆 47 年	17820000	安徽亳州	吃齋	A
震卦教	乾隆 47 年	17820000	山東單縣	無	D
清水教	乾隆 47 年	17820606	山東	無	D
混元教	乾隆 47 年	17820607	直隸	吃齋	A
混元教	乾隆 47 年	17820611	安徽	吃齋	A
混元教	乾隆 47 年	17820620	湖北	吃齋	A
混元教	乾隆 47 年	17820620	河南	吃齋	A
混元教	乾隆 47 年	17820626	廣東	吃齋	A
混元教	乾隆 47 年	17820714	陝西	吃齋	A
混元教	乾隆 47 年	17820919	山東	吃齋	A
羅教	乾隆 47 年	17820929	山東	吃齋	A
八卦教	乾隆 48 年	17830000	山東鄒縣	無	D
八卦教	乾隆 48 年	17830000	直隸南宮縣	無	D
五盤教	乾隆 48 年	17830000	江西貴溪縣	吃齋	B
天一門教	乾隆 48 年	17830000	直隸清豐縣	不詳	
收元教	乾隆 48 年	17830000	直隸南宮縣	吃齋	A
震卦教	乾隆 48 年	17830000	山東荷澤縣	無	D
混元教	乾隆 48 年	17830126	河南	吃齋	A
混元教	乾隆 48 年	17830624	廣西	吃齋	A
紅陽教	乾隆 48 年	17830800	直隸義州	吃齋	A
混元教	乾隆 48 年	17830818	廣東	吃齋	A
大乘教	乾隆 48 年	17831009	江西	吃齋	A
紅陽教	乾隆 48 年	17831127	山西平遙縣	吃齋	A
收元教	乾隆 49 年	17840000	湖北	吃齋	A
羅祖教	乾隆 49 年	17840000	湖廣德安府隨州	吃齋	A
大乘教	乾隆 49 年	17840110	廣東	吃齋	A
坤卦教	乾隆 49 年	17840113	山東	無	D

紅陽教	乾隆 49 年	17840329	山西	吃齋	A
收元教	乾隆 50 年	17850411	湖北	吃齋	A
震卦教	乾隆 51 年	17860000	直隸開州	無	D
儒門教（收元教）	乾隆 51 年	17860000	河南永城縣	吃齋	C
八卦教	乾隆 51 年	17860901	直隸元城縣	無	D
八卦教	乾隆 51 年	17860910	山東	無	D
離卦教	乾隆 51 年	17860911	直隸	無	D
八卦教	乾隆 51 年	17860917	河南	無	D
離卦教	乾隆 51 年	17861025	河南	無	D
三佛會	乾隆 52 年	17870000	直隸文安縣	不詳	
天地門教	乾隆 52 年	17870000		無	D
白陽會	乾隆 52 年	17870000	直隸蠡縣	入教吃齋	A
念佛會	乾隆 52 年	17870000	直隸南信縣	不詳	
震卦教	乾隆 52 年	17870107	河南	無	D
坎卦教	乾隆 52 年	17870214	山東鄒縣	無	D
收元教	乾隆 52 年	17870227	直隸	吃齋	A
收元教	乾隆 52 年	17870230	山西	吃齋	A
離卦教	乾隆 52 年	17870503	山東	無	D
三陽教（混元教）	乾隆 53 年	17880000	甘肅	吃齋	A
白陽教	乾隆 53 年	17880000	陝西扶風縣	入教吃齋	A
邱祖龍門教	乾隆 53 年	17880000	直隸任邱縣	不詳	
震卦教	乾隆 53 年	17880000	山西壺關縣、直隸大名縣	無	D
震卦教	乾隆 53 年	17880613	山西	無	D
震卦教	乾隆 53 年	17880613	河南	無	D
八卦教	乾隆 53 年	17880614	直隸開州	無	D
震卦教	乾隆 53 年	17880614	直隸開州	無	D
悄悄會	乾隆 53 年	17880709	陝西寶雞縣	吃齋	A
三益教（收元教）	乾隆 53 年	17881000	湖北棗陽縣	吃齋	C
五盤教	乾隆 54 年	17890000	江西臨川	吃齋	B
震卦教	乾隆 54 年	17890000	山東荷澤縣	無	D
三益教（收元教）	乾隆 54 年	17890501	河南新野縣	吃齋	C
三陽教	乾隆 55 年	17900000	安徽太和縣	吃齋	A

收元教	乾隆 55 年	17900000	湖北穀城縣	吃齋	A
大乘教	乾隆 55 年	17900421	江西	吃齋	A
三皇老祖教	乾隆 55 年	17901226	直隸	不詳	
八卦教	乾隆 56 年	17910000	貴州貴筑縣	無	D
震卦教	乾隆 56 年	17910000	陝西渭南縣	無	D
三皇老祖教	乾隆 56 年	17910112	山西	不詳	
收元教	乾隆 57 年	17910300	湖北房縣	吃齋	A
西天大乘教	乾隆 57 年	17920000	陝西安東縣	吃齋	B
西天大乘教	乾隆 58 年	17930000	湖北襄陽縣	吃齋	B
三陽教	乾隆 59 年	17940000	甘肅	吃齋	A
無無教	乾隆 59 年	17940000	浙江仙居縣	不詳	
龍華三會	乾隆 59 年	17940728	四川	吃齋	A
西天大乘教	乾隆 59 年	17940729	陝西	吃齋	B
西天大乘教	乾隆 59 年	17940818	湖北	吃齋	B
收元教	乾隆 59 年	17940900		吃齋	A
西天大乘教	乾隆 59 年	17940909	湖北	吃齋	B
西天大乘教	乾隆 59 年	17940913	山東	吃齋	B
混元教	乾隆 59 年	17940929	陝西	吃齋	A
混元教	乾隆 59 年	17941002	河南	吃齋	A
混元教	乾隆 59 年	17941019	安徽	吃齋	A
末劫教	乾隆末年	17950000	山東單縣	不詳	
長生教	乾隆 60 年	17950000	浙江蕭山縣	持齋	A
儒門教（收元教）	乾隆 60 年	17950000	河南商邱縣	吃齋	C
三陽教	嘉慶 1 年	17950100	湖北宜都	吃齋	A
混元教	乾隆 60 年	17950124	安徽	吃齋	A
西天大乘教	嘉慶 1 年	17950200	湖北襄陽	吃齋	B
混元教	乾隆 60 年	17950210	安徽	吃齋	A
白蓮教	嘉慶 1 年	17950304	川陝楚豫	吃齋	A
白蓮教	嘉慶 1 年	17950500	川陝楚豫	吃齋	A
白蓮教	嘉慶 1 年	17950920	江蘇	吃齋	A
西天大乘教	嘉慶 1 年	17951000	四川達州	吃齋	B
白蓮教	嘉慶 2 年	17960218	河南息縣	吃齋	A

白蓮教	嘉慶 3 年	17970700	川陝楚豫	吃齋	A
白蓮教	嘉慶 4 年	17990200	川陝楚豫	吃齋	A
五盤教	嘉慶 5 年	18000000	江西	吃齋	B
悄悄會	嘉慶 5 年	18000000	甘肅	吃齋	A
白蓮教	嘉慶 5 年	18000600	川陝楚豫	吃齋	A
白蓮教	嘉慶 5 年	18000814	川陝楚豫	吃齋	A
白蓮教	嘉慶 5 年	18000900	川陝楚豫	吃齋	A
混元教	嘉慶 5 年	18001029	甘肅	吃齋	A
混元教	嘉慶 5 年	18001215	陝西	吃齋	A
陽盤陰盤教	嘉慶 6 年	18010000	福建崇安	不詳	
悄悄會	嘉慶 6 年	18010300	陝西、甘肅	吃齋	A
圓頓教	嘉慶 6 年	18010318		吃齋	A
無爲教	嘉慶 7 年	18020000	安徽巢縣	吃無爲長齋	A
白蓮教	嘉慶 7 年	18020201	四川	吃齋	A
白蓮教	嘉慶 7 年	18020223	四川	吃齋	A
白蓮教	嘉慶 7 年	18020224	四川	吃齋	A
白蓮教	嘉慶 8 年	18030500	川陝楚豫	吃齋	A
陽盤陰盤教	嘉慶 8 年	18031012	江西	不詳	
悄悄會	嘉慶 10 年	18050000	甘肅	吃齋	A
圓頓教	嘉慶 10 年	18050415		吃齋	A
圓頓教	嘉慶 10 年	18050505		吃齋	A
混元教	嘉慶 11 年	18060212	河南	吃齋	A
圓頓教	嘉慶 11 年	18060512		吃齋	A
榮華會	嘉慶 13 年	18080801	直隸	吃齋	A
三陽教	嘉慶 15 年	18100000	黑龍江	吃齋	A
坎卦教（天理教）	嘉慶 16 年	18110000	直隸	無	D
大乘教	嘉慶 16 年	18110400		吃齋	A
收圓教	嘉慶 17 年	18120516		吃齋	A
聞香教 清茶門教	嘉慶 17 年	18120516		吃齋	A
金丹八卦教	嘉慶 17 年	18120517	直隸	無	D
金丹八卦教	嘉慶 17 年	18120605	直隸	無	D

混元教	嘉慶 18 年	18130700	河南	吃齋	A
一炷香紅陽教	嘉慶 18 年	18130900		吃齋	A
聞香教 清茶門教	嘉慶 18 年	18130900	山西	吃齋	A
天理教	嘉慶 18 年	18130903	河南	無	D
八卦教	嘉慶 18 年	18130915	山東	無	D
弘陽教	嘉慶 18 年	18130924		吃齋	A
弘陽教	嘉慶 18 年	18130926		吃齋	A
一炷香教	嘉慶 18 年	18130930		無	D
八卦教	嘉慶 18 年	18130930	山東	無	D
八卦教（離卦教）	嘉慶 18 年	18131016	直隸	無	D
八卦教	嘉慶 18 年	18131017	山東	無	D
八卦教	嘉慶 18 年	18131100	山東	無	D
八卦教	嘉慶 18 年	18131116	山東	無	D
一炷香教	嘉慶 18 年	18131122		無	D
八卦教	嘉慶 18 年	18131126	山東	無	D
龍天道（白陽教）	嘉慶 18 年	18131200	直隸	吃齋	C
三益教	嘉慶 18 年	18131203		吃齋	C
震卦教	嘉慶 18 年	18131203		無	D
一炷香教	嘉慶 18 年	18131206		無	D
三陽教	嘉慶 18 年	18131216		吃齋	A
三陽教	嘉慶 18 年	18131226		吃齋	A
滋粑教（龍華會）	嘉慶 19 年	18140000	浙江杭州	吃齋	A
清茶門紅陽教	嘉慶 19 年	18140218	山西	吃齋	A
清茶門教	嘉慶 19 年	18140218		吃齋	A
榮華會	嘉慶 19 年	18140221	直隸	吃齋	A
天理教	嘉慶 19 年	18140226	直隸	無	D
大乘教	嘉慶 19 年	18140300	江西、湖北	吃齋	A
八卦教	嘉慶 19 年	18140316	山東	無	D
一炷香教	嘉慶 19 年	18140410		無	D
一炷香教	嘉慶 19 年	18140528		無	D
八卦教	嘉慶 19 年	18140528		無	D

離卦教	嘉慶 19 年	18140816	山東	無	D
仁義會	嘉慶 19 年	18140819	福建	無	D
乾卦教	嘉慶 19 年	18140829		無	D
天理教	嘉慶 19 年	18141109	江蘇	無	D
白蓮教	嘉慶 19 年	18141112	直隸	吃齋	A
八卦教	嘉慶 19 年	18141114	山東	無	D
天理教	嘉慶 19 年	18141114	山東	無	D
白蓮教	嘉慶 19 年	18141114	直隸	吃齋	A
白陽教	嘉慶 19 年	18141118		吃齋	A
白蓮教	嘉慶 19 年	18141118	山東	吃齋	A
天理教	嘉慶 19 年	18141202	山東	無	D
收元教	嘉慶 19 年	18141204		吃齋	A
收元教	嘉慶 19 年	18141218	甘肅	吃齋	A
白蓮教	嘉慶 20 年	18150110	陝西	吃齋	A
白蓮教	嘉慶 20 年	18150120	陝西	吃齋	A
龍天教	嘉慶 20 年	18150208	直隸	吃齋	A
圓頓教	嘉慶 20 年	18150424	陝西	吃齋	A
一炷香教	嘉慶 20 年	18150507		無	D
老君門離卦教	嘉慶 20 年	18150507	直隸	無	D
紅陽教	嘉慶 20 年	18150600	直隸東安縣	吃齋	A
天理教	嘉慶 20 年	18150605	廣西	無	D
清茶門教	嘉慶 20 年	18150613		吃齋	A
離卦教	嘉慶 20 年	18150615	河南	無	D
陰盤教	嘉慶 20 年	18150629	福建	吃齋	A
陽盤教	嘉慶 20 年	18150629	福建	吃齋	A
大乘教	嘉慶 20 年	18150705	江西	吃齋	A
三乘教	嘉慶 20 年	18150705	江西	吃齋	A
羅祖教	嘉慶 20 年	18150705	江西	吃齋	A
東方震卦教	嘉慶 19 年	18150710	河南	無	D
龍華會	嘉慶 20 年	18150711	河南	吃齋	A
大乘教	嘉慶 20 年	18150723	湖北	吃齋	A
混元教	嘉慶 20 年	18150729	安徽	吃齋	A

三陽教	嘉慶 20 年	18150729	安徽	吃齋	A
圓頓教	嘉慶 20 年	18150805		吃齋	A
聞香教 清茶門教	嘉慶 20 年	18150805		吃齋	A
大乘教	嘉慶 20 年	18150806	江西	吃齋	A
紅陽教	嘉慶 20 年	18150808		吃齋	A
混元教	嘉慶 20 年	18150813	黑龍江	吃齋	A
離卦教	嘉慶 20 年	18150821	陝西	無	D
收圓教	嘉慶 20 年	18150822	江蘇	吃齋	A
圓明教	嘉慶 20 年	18150822	江蘇	吃齋	A
混元教	嘉慶 20 年	18150826		吃齋	A
收圓教	嘉慶 20 年	18150828		吃齋	A
收圓教	嘉慶 20 年	18150900		吃齋	A
紅陽教	嘉慶 20 年	18150900	河南、直隸	吃齋	A
混元教	嘉慶 20 年	18150902	黑龍江	吃齋	A
弘陽教	嘉慶 20 年	18150923		吃齋	A
混元教	嘉慶 20 年	18150925	安徽	吃齋	A
紅陽教	嘉慶 20 年	18151000	直隸宛平縣	吃齋	A
收圓教	嘉慶 20 年	18151014		吃齋	A
聞香教 清茶門教	嘉慶 20 年	18151014		吃齋	A
混元教	嘉慶 20 年	18151020	安徽	吃齋	A
弘陽教	嘉慶 20 年	18151021		吃齋	A
清茶門教	嘉慶 20 年	18151027	直隸	吃齋	A
清淨門教	嘉慶 20 年	18151027	直隸	吃齋	A
聞香教 清茶門教	嘉慶 20 年	18151029		吃齋	A
清茶門教	嘉慶 20 年	18151103	直隸	吃齋	A
大乘教	嘉慶 20 年	18151103	直隸	吃齋	A
聞香教 清茶門教	嘉慶 20 年	18151119		吃齋	A
清茶門教	嘉慶 20 年	18151126	湖北	吃齋	A
清茶門教	嘉慶 20 年	18151126	湖北	吃齋	A

清淨門教	嘉慶 20 年	18151126	湖北	吃齋	A
清茶門教	嘉慶 20 年	18151127	河南	吃齋	A
紅陽教	嘉慶 20 年	18151128		吃齋	A
榮華會	嘉慶 20 年	18151128		吃齋	A
三陽教	嘉慶 20 年	18151129		吃齋	A
順天教	嘉慶 20 年	18151203	河南	吃齋	A
清茶門教	嘉慶 20 年	18151210	江蘇	吃齋	A
聞香教 清茶門教	嘉慶 20 年	18151210		吃齋	A
清茶門教	嘉慶 20 年	18151214	直隸	吃齋	A
聞香教 清茶門教	嘉慶 20 年	18151214		吃齋	A
清茶門教	嘉慶 20 年	18151215	湖北	吃齋	A
清茶門教	嘉慶 20 年	18151216	直隸	吃齋	A
清茶門教	嘉慶 20 年	18151221	直隸	吃齋	A
清茶門教	嘉慶 20 年	18151225	直隸	吃齋	A
三元教	嘉慶 21 年	18160000	直隸	吃齋	A
清茶門教	嘉慶 21 年	18160000	直隸	吃齋	A
圓頓教	嘉慶 21 年	18160000		吃齋	A
龍天門教	嘉慶 21 年	18160000	直隸	吃齋	A
收圓教	嘉慶 21 年	18160110		吃齋	A
清茶門教	嘉慶 21 年	18160114	直隸	吃齋	A
離卦教	嘉慶 21 年	18160118		無	D
三元會	嘉慶 21 年	18160125	直隸	吃齋	A
清茶門教	嘉慶 21 年	18160128	湖北	吃齋	A
先天教（離卦教）	嘉慶 21 年	18160200	山西	無	D
清茶門教	嘉慶 21 年	18160200	河南	吃齋	A
無爲教	嘉慶 21 年	18160200	直隸	吃齋	A
圓頓教	嘉慶 21 年	18160209		吃齋	A
大乘教	嘉慶 21 年	18160212	湖南	吃齋	A
天主教	嘉慶 21 年	18160212	湖南	無	D
白陽教	嘉慶 21 年	18160212	湖南	吃齋	A
紅陽教	嘉慶 21 年	18160212	湖南	吃齋	A

無爲教	嘉慶 21 年	18160212	湖南	吃齋	A
未來眞教	嘉慶 21 年	18160302	直隸	吃齋	A
天門眞教	嘉慶 21 年	18160302	直隸	吃齋	A
天理教	嘉慶 21 年	18160303	山東	無	D
坎卦教	嘉慶 21 年	18160303	山東	無	D
未來眞教	嘉慶 21 年	18160303	直隸	吃齋	A
未來眞教	嘉慶 21 年	18160304		吃齋	A
龍天教	嘉慶 21 年	18160305	直隸	吃齋	A
清茶門教	嘉慶 21 年	18160308	河南	吃齋	A
聞香教 清茶門教	嘉慶 21 年	18160311		吃齋	A
清茶門教	嘉慶 21 年	18160317	直隸	吃齋	A
聞香教 清茶門教	嘉慶 21 年	18160321		吃齋	A
清茶門教	嘉慶 21 年	18160329	湖北	吃齋	A
清茶門教	嘉慶 21 年	18160412	直隸	吃齋	A
清茶門教	嘉慶 21 年	18160413	湖北	吃齋	A
清茶門教	嘉慶 21 年	18160418	湖北	吃齋	A
清茶門教	嘉慶 21 年	18160423	直隸	吃齋	A
紅陽教	嘉慶 21 年	18160424	直隸順天府	吃齋	A
清茶門教	嘉慶 21 年	18160430	直隸	吃齋	A
清茶門教	嘉慶 21 年	18160502	直隸	吃齋	A
清茶門教	嘉慶 21 年	18160503	湖北	吃齋	A
清茶門教	嘉慶 21 年	18160508	湖北	吃齋	A
清茶門教	嘉慶 21 年	18160516	直隸	吃齋	A
大乘教	嘉慶 21 年	18160518	湖北	吃齋	A
清茶門教	嘉慶 21 年	18160518	湖北	吃齋	A
白蓮教	嘉慶 21 年	18160519		吃齋	A
紅陽教	嘉慶 21 年	18160600	直隸新城縣、山東	吃齋	D
清茶門教	嘉慶 21 年	18160600		吃齋	A
大乘教	嘉慶 21 年	18160616	湖北	吃齋	A
無爲教	嘉慶 21 年	18160616	上海	吃齋	A
清靜無爲教	嘉慶 21 年	18160620	直隸	吃齋	A

清茶門教	嘉慶 21 年	18160625	直隸	吃齋	A
清靜無爲教	嘉慶 21 年	18160625		吃齋	A
大乘教	嘉慶 21 年	18160700	山東曹州	吃齋	A
清茶門紅陽教	嘉慶 21 年	18160713	山西	吃齋	A
三陽教	嘉慶 21 年	18160804		吃齋	A
紅陽教	嘉慶 21 年	18160900	山東	吃齋	A
三元教	嘉慶 21 年	18160928	山東	吃齋	A
龍門教（白陽教）	嘉慶 19 年	18161028	山東	吃齋	C
大乘教	嘉慶 20 年	18161029	山東	吃齋	A
白蓮教	嘉慶 21 年	18161029	山西	吃齋	A
三陽教	嘉慶 21 年	18161030	安徽	吃齋	A
紅陽教	嘉慶 21 年	18161030	山東	吃齋	A
紅陽教	嘉慶 21 年	18161200	直隸	吃齋	A
龍天教	嘉慶 21 年	18161200	直隸	吃齋	C
牛八教	嘉慶 21 年	18161211	湖北	吃齋	A
白蓮教	嘉慶 21 年	18161213	山西	吃齋	A
弘陽教	嘉慶 21 年	18161216		吃齋	A
八卦教	嘉慶 21 年	18161223		無	D
收元教	嘉慶 22 年	18170000	江蘇銅山縣	吃齋	A
牛八教	嘉慶 22 年	18170202	河南	吃齋	A
八卦教	嘉慶 22 年	18170521		無	D
牛八教	嘉慶 22 年	18170607	陝西	吃齋	A
八卦教	嘉慶 22 年	18170801	山東	無	D
八卦教	嘉慶 22 年	18170801	山東	無	D
白蓮教	嘉慶 22 年	18170806		吃齋	A
白蓮教	嘉慶 22 年	18170806		吃齋	A
紅陽教	嘉慶 22 年	18170807	直隸	吃齋	A
紅陽教	嘉慶 22 年	18170813	直隸	吃齋	A
羅教	嘉慶 22 年	18170815	安徽	吃齋	A
紅陽教	嘉慶 22 年	18170817		吃齋	A
白蓮教	嘉慶 22 年	18170818	山西	吃齋	A
白陽教	嘉慶 22 年	18170819	直隸	吃齋	A

榮華會	嘉慶 22 年	18170819	直隸	吃齋	A
弘陽教	嘉慶 22 年	18170830		吃齋	A
一炷香教	嘉慶 22 年	18170911		無	D
紅陽教	嘉慶 22 年	18170920	直隸	吃齋	A
八卦教	嘉慶 22 年	18170925	山東	無	D
八卦教	嘉慶 22 年	18171012	山東	無	D
八卦教	嘉慶 22 年	18171013	山東	無	D
八卦教	嘉慶 22 年	18171013	山東	無	D
震卦教	嘉慶 22 年	18171112	江蘇	無	D
圓頓教	嘉慶 22 年	18171122		吃齋	A
八卦教	嘉慶 22 年	18171207		無	D
圓頓教	嘉慶 22 年	18171207		吃齋	A
一炷香教	嘉慶 22 年	18171208		無	D
八卦教	嘉慶 22 年	18171218	山東	無	D
弘陽教	嘉慶 22 年	18171219	山東	吃齋	A
弘陽教	嘉慶 22 年	18171221	山東	吃齋	A
八卦教	嘉慶 22 年	18171222	山東	無	D
紅陽教	嘉慶 24 年	18180000	山東	吃齋	A
弘陽教	嘉慶 23 年	18180104	山東	吃齋	A
八卦教	嘉慶 23 年	18180113	山東	無	D
圓頓教	嘉慶 23 年	18180303		吃齋	A
一炷香教	嘉慶 23 年	18180326		無	D
圓頓教	嘉慶 23 年	18180414		吃齋	A
大乘教	嘉慶 25 年	18190000	貴州	吃齋	A
一炷香教	嘉慶 24 年	18191101		無	D
八卦教	嘉慶 25 年	18201007	山東	無	D
龍天教	嘉慶 25 年	18201220	直隸	吃齋	C
五盤教	道光 1 年	18210000		吃齋	B
黃天道	道光 1 年	18210000	山西	吃齋	A
明天教（離卦教）	道光 1 年	18210400	直隸	無	D
白蓮教	道光 2 年	18220000	河南	吃齋	A
大乘教	道光 3 年	18230804	山東臨清州	吃齋	A

一炷香教	道光 3 年	18230926		無	D
明天教	道光 3 年	18231200	直隸	無	D
一炷香教	道光 3 年	18231215		無	D
震卦教	道光 4 年	18240000		無	D
八卦教	道光 4 年	18240318	山東	無	D
弘陽教	道光 5 年	18251219	直隸	吃齋	A
弘陽教	道光 6 年	18260902	四川嘉定府	吃齋	A
紅陽教	道光 6 年	18261200	吉林	吃齋	A
龍華會（江南齋教）	道光 7 年	18270000	浙江慶元縣	吃齋	A
紅陽教	道光 7 年	18270325	直隸	吃齋	A
青蓮教	道光 7 年	18270500	四川	吃齋	A
一炷香教	道光 7 年	18270504		無	D
白蓮教	道光 7 年	18270524	安徽	吃齋	A
一炷香天爺教	道光 7 年	18270810	直隸	無	D
一炷香教	道光 7 年	18270810		無	D
如意教	道光 7 年	18270810	直隸	無	D
離卦教	道光 7 年	18271221	山東	無	D
根化教（艮卦教）	道光 8 年	18280000	山東即墨	無	D
白陽教	道光 8 年	18280118	山東	吃齋	A
白蓮教	道光 8 年	18280200	安徽	吃齋	A
未來教	道光 8 年	18280206	直隸	吃齋	A
收元教	道光 8 年	18280303	浙江蕭山縣	吃齋	A
天香教	道光 8 年	18280426	直隸	不詳	
一炷香教	道光 8 年	18280504	直隸	無	D
白陽教	道光 8 年	18280504	直隸	吃齋	A
收元教	道光 8 年	18280507	河南	吃齋	A
離卦教	道光 8 年	18280507	河南	無	D
八卦教	道光 8 年	18280507	河南	無	D
一炷香教	道光 8 年	18280513	直隸	無	D
青蓮教	道光 8 年	18280527	四川	吃齋念經	A
青蓮教	道光 8 年	18280616	四川	茹素念經	A
未來教	道光 8 年	18280800	直隸獻縣	吃齋	A

青蓮教	道光 8 年	18280827	四川	吃齋念經	A
潘安教	道光 8 年	18280830	浙江	吃齋	B
老安教	道光 8 年	18280830	浙江	吃齋	B
弘陽教	道光 11 年	18311225	直隸安肅縣	吃齋	A
白陽教	道光 12 年	18320000	直隸	吃齋	A
紅陽教	道光 12 年	18320129	直隸大興縣	吃齋念誦	A
三陽教	道光 12 年	18320205		吃齋	A
紅陽教	道光 12 年	18320208	直隸三河縣	吃齋	A
收源會	道光 12 年	18320212	直隸昌平州	吃齋	A
紅陽教	道光 12 年	18320212	直隸昌平州	吃齋	A
大乘教	道光 12 年	18320228	直隸	吃齋	A
紅陽教	道光 12 年	18320228		辦供喫齋	A
敬空會	道光 12 年	18320228		辦供喫齋	A
離卦教	道光 12 年	18320228	直隸	無	D
收源會	道光 12 年	18320230		吃齋	A
紅陽教	道光 12 年	18320230		吃齋	A
天地門教（一炷香教）	道光 13 年	18320400	吉林遼陽	不忌葷酒	D
白陽教	道光 12 年	18320420		吃齋	A
圓頓教	道光 12 年	18320420		吃齋	A
離卦教	道光 12 年	18320509		無	D
大乘教	道光 12 年	18320513		吃齋	A
離卦教	道光 12 年	18320513		無	D
離卦教	道光 12 年	18320524		無	D
混元教	道光 12 年	18320606		喫齋念經	A
圓頓教	道光 12 年	18320606	直隸宛平縣	吃齋	A
離卦教	道光 12 年	18321021		無	D
大乘教	道光 12 年	18321200	福建崇安	吃齋	A
離卦教	道光 13 年	18330508		無	D
一炷香如意教	道光 13 年	18330708	直隸	無	D
一炷香教	道光 13 年	18330819		無	D
八卦教	道光 13 年	18330901	山東	無	D
離卦教	道光 13 年	18330901	山東	無	D

羅教	道光 13 年	18330930	浙江	入教持齋	A
天竹教	道光 13 年	18331212	河南	擺設素供	A
天罡會	道光 13 年	18331220	江西	不詳	
清淨無爲大乘教	道光 14 年	18340217	直隸	茹素誦經	A
紅陽教	道光 14 年	18340218	直隸	喫齋	A
天竹教	道光 14 年	18340404	河南	吃齋	A
八卦教	道光 14 年	18340620	浙江、江蘇	無	D
大被教	道光 14 年	18340620	浙江、江蘇	無	D
天主教	道光 14 年	18340620	浙江、江蘇	無	D
白陽教	道光 14 年	18340620	浙江、江蘇	吃齋	A
白蓮教	道光 14 年	18340620	浙江、江蘇	吃齋	A
紅陽教	道光 14 年	18340706	直隸	吃齋	A
白蓮教	道光 14 年	18340800	直隸	吃齋	A
齋教	道光 15 年	18350000	江西長寧縣	吃齋	A
先天教	道光 15 年	18350304	山西趙城縣	不詳	
聞香教 清茶門教	道光 15 年	18350320		吃齋	A
天地門教	道光 16 年	18360000		不忌葷酒	D
青蓮教	道光 16 年	18360200	湖南新寧縣	吃齋	A
一炷香教	道光 16 年	18360216		無	D
八卦教	道光 16 年	18360216		無	D
五葷道	道光 16 年	18360616	山西	不戒葷酒	D
紅陽教	道光 17 年	18370000	直隸深澤縣	吃齋	A
坎卦教（添柱教）	道光 17 年	18370130	山東	無	D
根化教（艮卦教）	道光 17 年	18370500	山東	無	D
紅陽教	道光 18 年	18380126	直隸	吃齋	A
混元門	道光 18 年	18380126	直隸	吃齋	A
聖言教	道光 18 年	18380424	河南	不詳	
離卦教	道光 18 年	18380630	山東	無	D
八卦教	道光 18 年	18380706		無	D
離卦教	道光 18 年	18380721	山東	無	D
八卦教	道光 18 年	18381214		無	D

八卦教	道光 18 年	18381214	直隸	無	D
明天教	道光 18 年	18381214	直隸	無	D
震卦教	道光 18 年	18381214	直隸	無	D
白陽教	道光 18 年	18381214		吃齋	A
一炷香教	道光 19 年	18391012		無	D
八卦教	道光 19 年	18391012		無	D
弘陽教	道光 20 年	18400414	湖南、湖北	吃齋	A
青蓮教	道光 23 年	18430200	湖北漢陽	吃齋	A
青蓮教	道光 23 年	18431200	湖北	吃齋	A
青蓮教（燈花教）	道光 24 年	18440000	四川重慶	吃齋	A
青蓮教	道光 24 年	18440423		吃齋	A
青蓮教	道光 25 年	18450228	四川	吃齋	A
青蓮教	道光 25 年	18450309	陝西	喫素誦經	A
青蓮教	道光 25 年	18450319	陝西	持齋念經	A
青蓮教	道光 25 年	18450326	四川	吃齋	A
青蓮教	道光 25 年	18450327	湖南	吃齋誦經	A
青蓮教	道光 25 年	18450409	湖北	吃齋	A
青蓮教	道光 25 年	18450410	江西	吃素誦經	A
青蓮教	道光 25 年	18450410	江蘇	茹素誦懺	A
青蓮教	道光 25 年	18450410	江蘇	茹素誦懺	A
青蓮教	道光 25 年	18450415	湖北	喫齋念經	A
青蓮教	道光 25 年	18450418	湖南	吃齋	A
青蓮教	道光 25 年	18450418	湖南	吃齋	A
青蓮教	道光 25 年	18450418	雲南	喫齋念佛	A
青蓮教	道光 25 年	18450419	雲南	吃齋	A
青蓮教	道光 25 年	18450422	浙江	吃齋	A
青蓮教	道光 25 年	18450428	廣西	吃齋念經	A
青蓮教	道光 25 年	18450503	安徽	吃齋	A
青蓮教	道光 25 年	18450506	四川	吃齋念經	A
青蓮教	道光 25 年	18450511	湖北	吃齋念經	A
青蓮教	道光 25 年	18450515	河南	吃齋念經	A
青蓮教	道光 25 年	18450528	雲南	吃齋念經	A

青蓮教	道光 25 年	18450529	湖南	吃齋念經	A
龍華會	道光 25 年	18450723	山西	茹素念經	A
青蓮教	道光 25 年	18450723	山西	茹素念經	A
青蓮教	道光 25 年	18450724		吃齋念經	A
金丹大道（青蓮教）	道光 25 年	18450804	湖南	吃齋	A
金丹大道（青蓮教）	道光 25 年	18450808	雲南	吃齋	A
金丹大道（青蓮教）	道光 25 年	18450808	雲南	吃齋	A
黃蓮教	道光 25 年	18450808		不詳	A
青蓮教	道光 25 年	18450816	陝西	吃齋念經	A
青蓮教	道光 25 年	18450909		茹素誦經	A
青蓮教	道光 25 年	18450930	湖南	吃齋念經	A
金丹道教（青蓮教）	道光 25 年	18451021	雲南	茹素念經	A
青蓮教	道光 25 年	18451025	廣西	喫齋行善	A
青蓮教	道光 25 年	18451025	廣西	喫齋行善	A
棒棒會	道光 27 年	18471026	廣西	茹齋	A
青紅教	道光 27 年	18471026	廣西	茹齋	A
如意教（好話教）	道光 28 年	18480221	直隸	不詳	
艮卦教	道光 28 年	18480403	山東	無	D
三乘教	道光 28 年	18480820		吃齋	A
長生教	道光 29 年	18490500	江西	吃齋	A
金丹教	咸豐 1 年	18511109	湖南	吃長齋	A
青蓮教	咸豐 1 年	18511118	四川	吃齋	A
結會習教	咸豐 1 年	18511127	湖南	習教喫齋	A
青蓮教	咸豐 2 年	18520901	四川	吃齋	A
劉門教	咸豐 5 年	18550000	四川	無	D
黃崖教	咸豐 6 年	18560000	山東	無	D
燈花教（青蓮教）	咸豐 7 年	18570200	四川鶴游坪	吃齋	C
燈花教	咸豐 7 年	18571200	貴州	吃齋	C
燈花教	咸豐 8 年	18580200	貴州	吃齋	C

離卦教	咸豐 11 年	18611100	山東	無	D
眞空道	同治 1 年	18620000	江西贛州	無	D
一字教	同治 4 年	18650000	江西	吃齋	C
燈花教	同治 4 年	18650000	湖北	吃齋	C
歸根道（圓明聖道）	同治 4 年	18650000	四川	吃齋	A
燈花教	同治 5 年	18660000	湖北	吃齋	C
齋教	同治 5 年	18660215	福建崇安	吃齋	A
黃崖教	同治 5 年	18661000	山東	無	D
紅蓮教	同治 5 年	18661100	江西	不詳	
燈花教	同治 6 年	18670617	湖北	吃齋	C
燈花教	同治 7 年	18680000		吃齋	C
齋匪	同治 9 年	18701215	福建	吃齋	A
末後一著教	同治 10 年	18710000	湖南	吃齋	A
皈一道	同治 10 年	18710000	山東平原縣	吃齋	A
三華堂（青蓮教）	同治 12 年	18730000	河南	吃齋	B
西華堂（青蓮教）	同治 12 年	18730000	河南	吃齋	B
三乘教	同治 13 年	18740313		吃齋	A
末後一著教	光緒 1 年	18750000	山東	吃齋	A
普渡道	光緒 1 年	18750000	廣西田林縣	吃齋	B
黃天道	光緒 1 年	18750000	直隸	吃齋	A
一字道教	光緒 2 年	18760200	河南	吃齋	C
青蓮教	光緒 2 年	18760400	河南	吃齋	A
燈花教	光緒 2 年	18760400	河南	吃齋	C
姚門教	光緒 2 年	18760600	江西	不詳	
天水教	光緒 2 年	18760800	江西奉新縣	不詳	
姚門教	光緒 2 年	18760900	江西	不詳	
一華堂（三華堂）	光緒 3 年	18770000	雲南	吃齋	B
九宮道	光緒 3 年	18770000	山西五台山	無	D
有恒堂（三華堂）	光緒 3 年	18770000	雲南	吃齋	B
天水教	光緒 3 年	18770100	江西	不詳	
金丹教	光緒 3 年	18770100	江西	吃齋	A
末後一著教	光緒 4 年	18780300	山東	吃齋	A

末後一著教	光緒 6 年	18810200	河南	吃齋	A
紅陽教	光緒 6 年	18810300	直隸	吃齋	A
紅陽教	光緒 7 年	18811026	直隸	吃齋	A
白陽九宮道	光緒 8 年	18820600	山東平陰縣	無	D
末後一著教	光緒 9 年	18830000	河南	吃齋	A
涼水教	光緒 9 年	18830000	河南桐柏縣	不詳	
清水教	光緒 9 年	18830200	貴州	無	D
龍華會	光緒 9 年	18830207	湖北黃梅縣	吃齋	A
末後一著教	光緒 9 年	18830305	四川	吃齋	A
燈花教	光緒 9 年	18830328	湖北	吃齋	C
末後一著教	光緒 9 年	18830426	山東	吃齋	A
在理教	光緒 9 年	18830602	直隸	戒煙酒	B
在理教	光緒 9 年	18830713	天津	戒煙酒	B
在理教	光緒 10 年	18840000	黑龍江綏化縣	戒煙酒	B
末後一著教	光緒 10 年	18840400	河南、山東	吃齋	A
末後一著教	光緒 10 年	18840502	山東	入教持齋	A
彌勒佛教	光緒 10 年	18840708	河南	喫齋念經	A
教匪	光緒 10 年	18840820	貴州	不詳	
萬全堂（先天道）	光緒 11 年	18850000	四川重慶	吃齋	B
瑤池道	光緒 11 年	18850000	四川	吃齋	B
一貫道	光緒 12 年	18860000		吃齋	A
桃園會忠義堂	光緒 17 年	18910826		無	D
金丹道	光緒 17 年	18911001	熱河	吃齋	A
武聖門	光緒 17 年	18911002	熱河	無	D
在理教	光緒 17 年	18911016	熱河	戒煙酒	B
金丹道	光緒 17 年	18911017	熱河	吃齋	A
金丹道（學好道）	光緒 17 年	18911020	熱河	吃齋	A
教匪	光緒 17 年	18911021	直隸	不詳	
金丹教	光緒 17 年	18911026	熱河	吃齋	A
金丹教	光緒 17 年	18911110	熱河	吃齋	A
金丹教	光緒 17 年	18911129	熱河	吃齋	A
金丹教	光緒 17 年	18911209	熱河	吃齋	A

金丹教	光緒 17 年	18911228	熱河	吃齋	A
眞空道	光緒 18 年	18920000	江西	無	D
龍華大會	光緒 18 年	18920000	廣西上林縣	吃齋	A
金丹教	光緒 18 年	18920121	直隸	吃齋	A
金丹教	光緒 18 年	18920203	熱河	吃齋	A
金丹教	光緒 18 年	18920311	熱河	吃齋	A
金丹教	光緒 18 年	18920320	熱河	吃齋	A
玉盧門	光緒 18 年	18920329	黑龍江	不詳	
金丹教	光緒 18 年	18920330	熱河	吃齋	A
金丹教	光緒 18 年	18920415	熱河	吃齋	A
金丹教	光緒 18 年	18920606	熱河	吃齋	A
金丹教	光緒 18 年	18920702	熱河	吃齋	A
金丹教	光緒 18 年	18920827	熱河	吃齋	A
金丹教	光緒 18 年	18920903	熱河	吃齋	A
武聖門教	光緒 18 年	18921000	奉天、吉林	無	D
金丹教	光緒 18 年	18921112	熱河	吃齋	A
金丹教	光緒 18 年	18921207	熱河	吃齋	A
黃天大道	光緒 19 年	18930000	山西	吃齋	A
金丹教	光緒 19 年	18930328	熱河	吃齋	A
金丹教	光緒 19 年	18930413	熱河	吃齋	A
金丹教	光緒 19 年	18930612	熱河	吃齋	A
金丹教	光緒 19 年	18930713	熱河	吃齋	A
金丹教	光緒 19 年	18930829	熱河	吃齋	A
金丹教	光緒 19 年	18931201	熱河	吃齋	A
大刀會	光緒 20 年	18960000	山東單縣	無	D
大刀會	光緒 22 年	18960000	江蘇、山東	無	D
大刀會	光緒 23 年	18960000	山東巨野	無	D
先天道	光緒 23 年	18960000	廣東	吃齋	A
燈花教	光緒 20 年	18960400	四川秀山縣	吃齋	C
金丹教	光緒 22 年	18960406		吃齋	A
齋教	光緒 21 年	18960611	福建古田	吃齋	A

武聖門教	光緒 20 年	18960800	吉林	無	D
金丹教	光緒 23 年	18970313		吃齋	A
眞空道	光緒 24 年	18980000		無	D
普渡道（先天道）	光緒 25 年	18990000	廣西	吃齋	B
天乙教	光緒 27 年	19010426	直隸	不詳	
彌陀教（末後一著教）	光緒 27 年	19011000	江蘇宿遷縣	吃齋	A
龍華會	光緒 27 年	19011012	江蘇	吃齋	A
混元門	光緒 28 年	19020326	吉林	吃齋	A
九宮道	光緒 30 年	19040000	山西	無	D
混元門	光緒 30 年	19040400	奉天	吃齋	A
混元門	光緒 30 年	19040507	奉天	吃齋	A
紅燈教	光緒 30 年	19041119	雲南	吃齋	B
神拳教	光緒 30 年	19041200	四川資陽縣	無	D
一貫道	光緒 31 年	19050000		吃齋	A
神拳教	光緒 31 年	19050100	四川	無	D
九功道教（龍天會）	光緒 31 年	19051000	直隸	無	D
同善社	光緒 32 年	19060000	四川永川縣	無	D
信香道教	光緒 32 年	19060300	直隸高邑縣	無	D
紅燈教	光緒 32 年	19060309	貴州遵義縣	吃齋	B
紅燈教	光緒 32 年	19060428	貴州	吃齋	B
洪蓮會	光緒 32 年	19060911	安徽	不詳	
彌陀教	光緒 32 年	19060925	安徽	吃齋	A
大神教	光緒 33 年	19070825	江西	無	D
龍華會	光緒 33 年	19071210	河南	吃齋	A
龍華會	光緒 33 年	19071218	河南	吃齋	A
九龍會	光緒 34 年	19080406	浙江	無	D
彌陀教（龍華會）	光緒 34 年	19080416	河南	吃齋	A
無生門教	光緒 34 年	19080800	四川成都	吃齋放生	B
巫教	宣統 3 年	19110600	貴州	無	D

一、引用資料說明

　　（一）本表所根據的檔案資料，主要有：《明清檔案》、《清太宗文皇帝實錄》、《清世祖章皇帝實錄》、《清德宗實錄》、《皇清奏議》、《起居注冊》、《宮中檔康熙朝奏摺》、《宮中檔雍正朝奏摺》、《宮中檔乾隆朝奏摺》、《宮中檔嘉慶朝奏摺》、《剿捕檔》、《上諭檔》、《清中期五省白蓮教起義資料》、《欽定剿平三省邪匪方略》、《外紀檔》、《軍機處檔・月摺包》、《奏摺檔》、《月摺檔》、《乾隆朝上諭檔》、《清代檔案史料叢編（三）、（九）、（十二）》、《雍正朝漢文硃批奏摺彙編》、《光緒朝硃批奏摺・反清鬥爭・秘密結社》、《軍機處錄副奏摺》、《硃批奏摺》、《曹順起義史料匯編》、《清代農民戰爭史資料選編》、《清宣宗實錄》、《欽定平定教匪紀略》、《辛亥革命前十年民變史料》、《中國民間宗教史》、《真空家鄉：清代民間秘密宗教史研究》、《中國會道門》、〈中國民間秘密宗教大事記〉、〈滿洲老檔譯件論證之一〉等。

　　（二）就以上所述的檔案，總計整理出 1357 筆資料，再就這些資料篩選出 934 筆可確認的有效樣本進行分析。依年代順序及教門作排列，並列出分佈的地域。至於是否吃齋的考證，是有以下幾種情況：

　　A 類、直接由檔案獲得的證據，本表引用的檔案主要是《軍機處檔・月摺包》、《宮中檔》、《明清檔案》、《實錄》、《上諭檔》、《清代檔案史料叢編》、《清代農民戰爭史資料選編》、《辛亥革命前十年民變史料》等。這些都臚列在第四章的表 4-1、4-2、4-3、4-4 等四個表中。

　　B 類、由間接的研究得到的印證。根據的論著主要有《中國民間宗教史》、《真空家鄉：清代民間秘密宗教史研究》、《中國會道門》、〈中國民間秘密宗教大事記〉等。

　　C 類、是由同一教門所衍生的教派，基本上會視同與原來的教派同一系統，如果原來的教派有吃齋，所衍生的教派也有有吃齋。

　　D 類、是非吃齋教團。目前所知的是八卦教系統的教派，及一炷香教系統的教派為主。其他一些與秘密會黨相近的教團也是不吃齋的，這些也歸為此類。

　　以上 A、B、C、D 四類，分別註明於本表的備註欄內。

二、主要的吃齋教團及其分佈

　　綜合附表一：清代檔案所見民間宗教教派活動統計表的統計來看，就清代全期而言，總計有 935 筆的檔案記錄，有清楚的記載到各種名目的民間宗教活動。如果去除掉重複的教派名稱，總共有 196 種不同名目的教派，而其中屬於吃齋教團的共有 111 種，佔 57%，另有 36 名目的教派，是無法確認是否吃齋；可確定不吃齋的教團有只有 49 種，佔 25%。但如果就 935 筆的活動次數來看，總計有 692 筆記錄是與吃齋教團的活動有關，佔 74%。詳如附表二。

附表二 檔案所見清代民間教派活動次數統計表（共計935筆）

教派名稱	次	齋戒	主要分佈地域
大乘教	48	吃齋	江蘇、直隸、雲南、四川、廣東、陝西、貴州、江西、湖南、湖北、浙江、福建
白蓮教	42	吃齋	直隸、山東、河南、山西、湖北、四川、陝西、安徽、浙江、江蘇、
八卦教	42	無	山東、直隸、河南、貴州、浙江、江西
青蓮教	40	吃齋	四川、湖北、湖南、陝西、江西、江蘇、雲南、廣西、安徽、河南、山西
紅陽教	37	吃齋	直隸、山西、河南、湖南、山東、吉林
羅教	36	吃齋	浙江、江蘇、廣東、山東、江西、福建、安徽、湖北、廣西、貴州、湖南、
混元教	34	吃齋	直隸、山西、安徽、河南、湖北、廣東、陝西、山東、廣西、甘肅、黑龍江
清茶門教	32	吃齋	直隸、湖北、河南、江蘇、
收元教	31	吃齋	山西、山東、河南、直隸、江蘇、安徽、湖北、甘肅、浙江
金丹教	27	吃齋	熱河、直隸、湖南
老官齋教	26	吃齋	福建、浙江
一炷香教	21	無	直隸、山東
離卦教	20	無	山東、河南、陝西、直隸、
白陽教	19	吃齋	江蘇、河南、直隸、安徽、陝西、浙江、山東、湖南

弘陽教	18	吃齋	山東、直隸、四川、湖北、湖南
無爲教	17	吃齋	直隸、山東、浙江、福建、江蘇、山西、安徽、湖南、上海
圓頓教	17	吃齋	山西、甘肅、陝西、直隸
大成教	16	吃齋	直隸、山西、廣東、山東、江蘇、湖北、河南、江西
震卦教	14	無	直隸、山東、河南、山西、陝西、江蘇
龍華會（江南齋教）	13	吃齋	山西、江蘇、浙江、河南、湖北
聞香教	12	吃齋	山西
三陽教	11	吃齋	安徽、甘肅、湖北、黑龍江
黃天道	11	吃齋	直隸、山西、
燈花教	10	吃齋	四川、貴州、湖北、河南、
末後一著教	9	吃齋	山東、湖南、河南、四川
長生教	9	吃齋	浙江、江西、江蘇
榮華會（收元教）	9	吃齋	直隸、河南、湖北
西天大乘教	8	吃齋	陝西、湖北、山東、四川
清水教	8	無	山東、河南、貴州
天理教	7	無	山東、河南、直隸、江蘇、廣西
天圓教	7	吃齋	浙江、江蘇、
在理教	6	戒煙酒	天津、直隸、黑龍江、熱河
收圓教	6	吃齋	江蘇
龍天教	6	吃齋	直隸、山東
未來教	5	吃齋	湖北、河南、直隸
悄悄會（圓頓教）	5	吃齋	甘肅、陝西、
三元會	4	吃齋	山東、直隸、湖北
五盤教	4	吃齋	江西
未來眞教	4	吃齋	直隸
清淨無爲教	4	吃齋	直隸
混元門	4	吃齋	直隸、吉林、奉天
橋樑會（無爲教）	4	吃齋	山西、河南
三乘會（茲粑教）	3	吃報恩齋	江南
三益教（收元教）	3	吃齋	湖北、河南
大刀會	3	無	山東、江蘇

天地門教（一炷香教）	3	不忌葷酒	山東、吉林
牛八教	3	吃齋	湖北、河南、陝西
收源教	3	吃齋	山西
坎卦教	3	無	山東、直隸
東大乘教	3	吃齋	遼寧、陝西
武聖門教	3	無	奉天、吉林
空字教	3	吃齋	山東、湖北
金丹大道（青蓮教）	3	吃齋	湖南、雲南
金丹道（學好道）	3	吃齋	熱河
紅燈教	3	吃齋	雲南、貴州
眞空道	3	無	江西
源洞教	3	吃齋	山西
齋教	3	吃齋	江西、福建
一字教	2	吃齋	江西
一炷香如意教	2	無	奉天、直隸
一貫道	2	吃齋	
九宮道	2	無	山西
三元教	2	吃齋	直隸、山東
三元會空字教	2	喫本命齋	山東
三皇老祖教	2	不詳	直隸、山西
三皇聖祖教（白陽會）	2	吃齋	江西
三乘教	2	吃齋	
大乘無爲教	2	吃齋	廣東、江蘇
天水教	2	不詳	江西
天主教	2	無	湖南、浙江、江蘇
天竹教	2	吃齋	河南
先天教（離卦教）	2	不詳	山西
如意教（好話教）	2	不詳	直隸
收緣會	2	吃齋	直隸
明天教（離卦教）	2	無	直隸
空子教	2	吃齋	山東
金丹八卦教	2	無	直隸
姚門教	2	不詳	江西

根化教（艮卦教）	2	無	山東
神拳教	2	無	四川
乾卦教	2	無	直隸
清茶門紅陽教	2	吃齋	山西
清淨門教	2	吃齋	直隸、湖北
普渡道（先天道）	2	吃齋	廣西
善友會	2	吃齋	遼寧、直隸
陽盤陰盤教	2	吃齋	江西、福建
順天教	2	吃齋	遼寧、直隸
黃崖教	2	無	山東
儒門教（收元教）	2	吃齋	河南
彌陀教（末後一著教）	2	吃齋	江蘇、安徽
彌勒教	2	吃齋	湖北、貴州
羅祖大乘教	2	吃齋	福建
一字教（龍華會）	1	吃齋	江西
一字道教	1	吃齋	江西
一炷香天爺教	1	無	直隸
一炷香紅陽教	1	吃齋	
一華堂（三華堂）	1	吃齋	雲南
九功道教	1	無	直隸
九龍會	1	無	浙江
明天教	1	無	直隸
震卦教	1	無	直隸
離卦教	1	無	山東
三一教	1	無	
三佛會	1	不詳	直隸
三華堂（青蓮教）	1	吃齋	河南
三寶大教	1	不詳	陝西
三乘教	1	吃齋	江西
羅祖教	1	吃齋	江西
大神教	1	無	江西
大被教	1	無	浙江、江蘇
山西老會	1	不詳	山西

五葷道	1	不戒葷酒	
五葷道收元教	1	吃齋	山東
仁義會	1	無	福建
元頓教（圓頓教）	1	吃齋	甘肅
天一門教	1	不詳	直隸
天乙教	1	不詳	直隸
天香教	1	不詳	直隸
天罡會	1	不詳	江西
坎卦教	1	無	山東
太陽經教	1	不詳	湖北
四正香教	1	不詳	山西、陝西
天門眞教	1	吃齋	直隸
末劫教	1	不詳	山東
玉盧門	1	不詳	黑龍江
白陽九宮道	1	無	山東
白陽會	1	吃齋	直隸
先天道	1	吃齋	廣東
同善社	1	無	四川
有恒堂（三華堂）	1	吃齋	雲南
老君門離卦教	1	無	直隸
老君會	1	無	直隸
艮卦教	1	無	山東
衣法教	1	無	直隸
西來教（燃燈教）	1	吃齋	江蘇
西華堂（青蓮教）	1	吃齋	河南
巫教	1	無	貴州
沒劫教	1	不詳	河南
坤卦教	1	無	山東
東方震卦教	1	無	河南
果子教	1	不詳	江蘇
邱祖龍門教	1	不詳	直隸
金丹道教（青蓮教）	1	吃齋	雲南

金童教	1	吃齋	福建
青陽教（紅陽教）	1	吃齋	河南
青蓮教（燈花教）	1	吃齋	四川
信香道教	1	無	直隸
哈哈教	1	不詳	河南
拜祖教	1	不詳	陝西
洪蓮教	1	不詳	安徽
皇天教	1	不詳	山西
皈一道	1	吃齋	山東
紅蓮教	1	不詳	江西
悟眞教	1	不詳	河南
桃園忠義堂	1	無	
祖師教	1	不詳	福建
神捶教	1	不詳	山東、河南
涼水教	1	不詳	河南
清淨無爲大乘教	1	吃齋	直隸
混元紅陽教	1	吃齋	奉天
三陽教	1	吃齋	安徽
混沌教	1	吃齋	山西
陰盤教	1	吃齋	福建
陽盤教	1	吃齋	福建
喫素教	1	吃齋	江蘇
朝天一炷香道	1	無	山東
朝陽會	1	不詳	直隸
棒棒會	1	吃齋	廣西
青江教	1	吃齋	廣西
滋粑教（龍華會）	1	吃齋	浙江
無生門教	1	吃齋	四川
無無教	1	不詳	浙江
無極教（大乘教）	1	吃齋	四川
黃天大道	1	吃齋	山西
黃蓮教	1	不詳	

圓明教	1	吃齋	江蘇
敬空會	1	吃齋	
萬全堂（先天道）	1	吃齋	四川
義和拳	1	無	山東
聖人教	1	不詳	直隸
聖言教	1	不詳	河南
道心教	1	不詳	福建、浙江
劉門教	1	無	四川
潘安教	1	吃齋	浙江
老安教	1	吃齋	浙江
儒理教（摸摸教）	1	不詳	直隸
燃燈教（大乘教）	1	吃齋	江蘇
龍天門教	1	吃齋	直隸
龍門教	1	吃齋	山東
龍華三會	1	吃齋	四川
龍華大會	1	吃齋	廣西
彌陀教（龍華會）	1	吃齋	河南
歸根道（圓明聖道）	1	吃齋	四川
羅祖三乘教	1	吃齋	江西、四川
羅爺教	1	不詳	直隸
鐵船教	1	無	四川
以上總計 935 次，196 種不同名目的教派。			

註：本表係根據〈附表一：清代檔案所見民間宗教教派活動統計表〉的統計。

附表三 民間宗教《寶卷》《經卷》中相關齋戒教義簡表

齋 戒 信 仰 的 內 容	所屬教派	經卷出處
若有人受持金剛經者，先須志心念淨口業眞言。然後啓請八金剛四菩薩名號，所在之處，常當擁護。淨口業眞言：修唎修唎摩訶修唎修修唎薩婆訶	不明	銷釋金剛科儀〔註1〕
今有一等人，好持齋戒酒，恭敬三寶，多行方便，當受人天福報，九祖盡得超昇。又有一等眾生，若殺生靈飲酒傷人，毀僧謗佛，連累九祖，盡俱墮落地獄。	不明	大乘金剛寶卷〔註2〕
佛告菩薩，一切眾生，若有回頭持齋戒酒者，法藥救諸病苦。	不明	大乘金剛寶卷〔註3〕
持齋菩薩要信心，日久圓陀正月明。大地山河都照徹，玄中顯出一眞人。	不明	大乘金剛寶卷〔註4〕
普眼菩薩觀僧眾披法衣者，當受持五戒。一不飲酒；二不殺生；三不邪淫；四不妄語；五不偷盜。若有犯戒眾生，當墮鐵城地獄，受其大苦。	不明	大乘金剛寶卷〔註5〕
佛告菩薩，若要眾生出其地獄，須全家持齋戒酒，舉念大乘，罪人得出離。	不明	大乘金剛寶卷〔註6〕

〔註1〕，《銷釋金剛科儀》，收入《明清民間宗教經卷文獻》第一冊，頁8。
〔註2〕 《大乘金剛寶卷》，收入《明清民間宗教經卷文獻》第一冊，頁66。
〔註3〕 《大乘金剛寶卷》，收入《明清民間宗教經卷文獻》第一冊，頁70。
〔註4〕 《大乘金剛寶卷》，收入《明清民間宗教經卷文獻》第一冊，頁70。
〔註5〕 《大乘金剛寶卷》，收入《明清民間宗教經卷文獻》第一冊，頁73。
〔註6〕 《大乘金剛寶卷》，收入《明清民間宗教經卷文獻》第一冊，頁76。

〈祖師行腳十字妙頌〉：離母胎，不食葷，菩薩臨凡。	羅教 弘陽教 大乘教 無爲教 茲粑教	苦功悟道卷〔註7〕
虧天佛，保佑我，成人長大。食長齋，怕生死，要辦前程。		苦功悟道卷〔註8〕
食長齋，引領人，齊出苦海。食酒肉，引領人，永墮沉淪。	羅教 大乘教 清淨無爲 無爲教	嘆世無爲卷〔註9〕
指望兒，食長齋，超度父母。你破齋，把父母，又送沉淪。		嘆世無爲卷〔註10〕
官人食齋千佛喜，引的眾官出苦輪。惡人食齋千佛喜，引的惡人出苦輪。善人食齋千佛喜，引的善人出苦輪。你要開齋千佛惱，惱殺陰司十閻君。有朝一日勾著你，永下地獄不翻身。你往齋戒不打緊，引的眾人入苦輪。		嘆世無爲卷〔註11〕
齋須實相齋，戒憑實相戒。有相持齋戒，到頭歸敗壞。敗壞屬無常，從何免三界？眞戒是本性，本性是眞戒，眞戒本無修，無修是眞戒。	羅教 大乘教 無爲教	破邪顯證鑰匙卷〔註12〕
捨退般若逞剛強，又食酒肉造業障；各著惡友又造業，死到地獄受恓惶。		破邪顯證鑰匙卷〔註13〕
有一等愚痴迷種，說迷人飲酒吃肉，不參道，也得歸家。迷人終日走著生死之路，又不知安身立命，又不知淨土家鄉，他怎麼便得歸家？	羅教 無爲教 清淨無爲 教	正信除疑無修證自在寶卷〔註14〕
飲酒吃肉是迷人，業識忙忙性地昏；臨危化釋還果報，隨孽輪迴不翻身。		正信除疑無修證自在寶卷〔註15〕
說師傅，著你開了齋，我要著你開了齋，我當時身化做血膿。你要開了葷酒，邪了人天，永墮沉淪，不得翻身。		正信除疑無修證自在寶卷〔註16〕

〔註7〕 林立仁整編，《五部六冊經卷》上冊（台北：正一善書出版社印行，民國83年6月），頁12。

〔註8〕 林立仁整編，《五部六冊經卷》上冊，頁16。

〔註9〕 林立仁整編，《五部六冊經卷》上冊，頁128。

〔註10〕 林立仁整編，《五部六冊經卷》上冊，頁129。

〔註11〕 林立仁整編，《五部六冊經卷》上冊，頁130。

〔註12〕 林立仁整編，《五部六冊經卷》上冊，頁356。

〔註13〕 林立仁整編，《五部六冊經卷》上冊，頁478。

〔註14〕 林立仁整編，《五部六冊經卷》下冊，頁17。

〔註15〕 林立仁整編，《五部六冊經卷》下冊，頁19。

〔註16〕 林立仁整編，《五部六冊經卷》下冊，頁39。

良緣普勸眾人聽，莫作開齋破戒人；死墮陰司爲餓鬼，那時受苦自甘心。		正信除疑無修證自在寶卷〔註17〕
喫齋人，不信心，永墮沈淪。不信佛語難出世，毀謗正法永沈淪。		正信除疑無修證自在寶卷〔註18〕
喫肉眾生，叫做遞相食噉，永墮沉淪苦海，受苦海無盡。	羅教大乘教無爲教	巍巍不動太山深根結果寶卷〔註19〕
《金剛科儀》云：遞相食噉是呆痴，那時追悔悔後遲；直下承當休錯過，食噉酒肉苦沉淪。末法娑婆入苦哉，互相食噉惡如豺；刀兵疾病遭饑饉，厭離閻浮歸去來。		巍巍不動太山深根結果寶卷〔註20〕
〈持齋辯惑〉：或問林子不持齊（齋）者何也，林子曰：余惟以心齋爲貴耳，余惟以釋氏經律雖嚴，猶許人食三種淨肉，鹿肉一、豬肉一，其一則余忘之矣。若彌勒佛釋氏之卓然者，嘗飲酒食豬頭肉。至六祖，乃以菜寄煮肉鍋，而日但吃肉邊菜。……	三一教	林子三教正宗統論〔註21〕
〈齊心爲上〉：林子曰：齊心者內齊也，素齊者外齊也。昔者宋文帝謂求那跋摩曰：孤愧狗國事，雖欲齋戒不殺，安得如法也。……	三一教	林子三教正宗統論〔註22〕
失迷眞性全不惺，聖意何曾記半分。顛倒迷惑全不惺，飲酒吃肉過光陰。拈花失迷，苦海波心，受苦入包迷，逐日迷混。	不明	銷釋明淨天華寶卷〔註23〕
你今不是凡夫子，原是靈山一賢人。若還依我參禪坐，見性明心家去來。世傑聽言說幾句，生性不好吃長齋。二祖從頭說玄妙，五量都是業眾生。那個吃酒成佛去，地獄三塗解不開。	不明	銷釋明淨天華寶卷〔註24〕
我佛芟你臨凡度脫眾生，焉能一十八年齋戒不閉。幾時回還，連警三遭，省來卻是一夢。自己昧知，到於第明早晨，沐手焚香，拜謝天地，齋戒閉了。	還源教	銷釋悟性還源寶卷〔註25〕

〔註17〕 林立仁整編，《五部六冊經卷》下冊，頁41。
〔註18〕 林立仁整編，《五部六冊經卷》下冊，頁51。
〔註19〕 林立仁整編，《五部六冊經卷》下冊，頁238。
〔註20〕 林立仁整編，《五部六冊經卷》下冊，頁240。
〔註21〕 《林子三教正宗統論》，收入《明清民間宗教經卷文獻》第三冊，頁877。
〔註22〕 《林子三教正宗統論》，頁865。
〔註23〕 《銷釋明淨天華寶卷》，收入《明清民間宗教經卷文獻》第四冊，頁205。
〔註24〕 《銷釋明淨天華寶卷》，頁216。
〔註25〕 《銷釋悟性還源寶卷》，收入《明清民間宗教經卷文獻》第四冊，頁257。

女人喫齋委實高，想妙善赴盤桃，虔心要有，應自然脫塵牢，忽的聲歸家去，路不遙。	還源教	銷釋悟性還源寶卷〔註26〕
修行人，近前來，聽吾分派。持齋人，要忍耐，去處存心。你既是，參大道，修習本性。發一個，菩提心，跟找當人。	還源教	銷釋悟性還源寶卷〔註27〕
味兼葷素須當檢，香有清濁不可瞞。見色明心方是妙，聞聲悟道始爲伭。	不明	太上伭宗科儀〔註28〕
在舌能知，酒肉難忘總是痴。只爲他多滋味，混你的心如醉。不如我自知知，把素持齋戒律了身合意，悟取無生證祖機。	不明	太上伭宗科儀〔註29〕
遵五戒，愼五刑，勿失仁義。持齋戒，守志氣，念佛看經。知天地，曉根源，知恩報德。凡行事，不欺天，總報四恩。	無爲教	無爲正宗了義寶卷〔註30〕
一家人，有五輩，吃齋行善。接續著，是天人，住在他門。積功行，善念重，仙佛觀看。年長了，四十五，不改善心。自幼時，喫長齋，善念不改。每日家，在佛前，念佛看經。有一日，夜晚間，三更時候。猛聽的，半玄空，大叫一聲。忽抬頭，只看見，金光發現。似車輪，上下滾，徹地通天。二人惶，諕一驚，混身是汗。公母兩，阿彌陀，念有千聲。住數月，就知道，身中懷孕。老母親，心歡喜，進步加功。到十月，滿足了，祖師下降。	悟明教	銷釋悟明祖貫行覺寶卷〔註31〕
觀音老母早知其意，化一貧婆門首化齋。說你家生的這個小娃兒，送與我做個徒弟。	悟明教	銷釋悟明祖貫行覺寶卷〔註32〕
聞聽說，皇宮裡，都拜悟明。合該咱，回了頭，持齋行善。青台寺，拜師付，也求修行。	悟明教	銷釋悟明祖貫行覺寶卷〔註33〕
遊方演教，勸化男女，回頭持齋。大眾不惺，只戀虛花景界，只恨貧窮過，無有晝夜。	悟明教	銷釋悟明祖貫行覺寶卷〔註34〕

〔註26〕《銷釋悟性還源寶卷》，頁269。
〔註27〕《銷釋悟性還源寶卷》，頁271～272。
〔註28〕《太上伭宗科儀》，收入《明清民間宗教經卷文獻》第四冊，頁325。
〔註29〕《太上伭宗科儀》，頁326～327。
〔註30〕《無爲正宗了義寶卷》，收入《明清民間宗教經卷文獻》第四冊，頁393。
〔註31〕《銷釋悟明祖貫行覺寶卷》，收入《明清民間宗教經卷文獻》第四冊，頁427。
〔註32〕《銷釋悟明祖貫行覺寶卷》，頁426。
〔註33〕《銷釋悟明祖貫行覺寶卷》，頁452。
〔註34〕《銷釋悟明祖貫行覺寶卷》，頁463。

惡有惡報，善有善緣，開齋破齋違佛願，八十一劫出頭而難。	黃天道	普靜如來鑰匙通天寶卷〔註35〕
普天下，人行善，五谷豐登。一家家，念經文，聲音不斷。一戶戶，都齋戒，誦念經文。才顯出，清淨法，路不失遺。	黃天道	普靜如來鑰匙通天寶卷〔註36〕
爾若還，不到頭，開齋破戒。違佛願，造下罪，失了人身。……喫酒肉，只說在，天堂好過。後還在，地獄中，受罪無窮。	黃天道	普靜如來鑰匙通天寶卷〔註37〕
說大限，到來臨，不論老少。早回頭，一個個，都有前程。不持齋，不念佛，空過一世。	不明	大乘意講還源寶卷〔註38〕
不喫齋，不念佛，謗毀三寶。下地獄，五百劫，不見影形。	不明	大乘意講還源寶卷〔註39〕
我如今，發善愿，改過存心。你若還，肯放我，回家去了。到陽間，喫長齋，每日看經。早依著，你口說，甚話百歲。	不明	大乘意講還源寶卷〔註40〕
〈五不許飲酒食肉〉：五戒飲酒并食肉，貪圖口腹養精神。你若喫他他喫你，反轉輪迴人喫人。	龍華教	三祖行腳因由寶卷〔註41〕
大凡喫齋一世，不如受戒一刻。受戒一世，不如明心一刻。明心一世，不如見性一刻。	龍華教	三祖行腳因由寶卷〔註42〕
迷眾生，不認眞，貪塵愛寶。殺牲靈，喫酒肉，不肯回心。造罪業，重如山，難離苦海。串四生，六道轉，無盡無窮。	黃天道	普明如來無爲了義寶卷〔註43〕
授三皈，和五戒，莫要觸犯。違佛令，善惡簿，記得分明。	黃天道	普明如來無爲了義寶卷〔註44〕

〔註35〕《普靜如來鑰匙通天寶卷》，收入《明清民間宗教經卷文獻》第四冊，頁 672。
〔註36〕《普靜如來鑰匙通天寶卷》，頁 762。
〔註37〕《普靜如來鑰匙通天寶卷》，頁 799。
〔註38〕《大乘意講還源寶卷》，收入《寶卷初集》第四冊，頁 85。
〔註39〕《大乘意講還源寶卷》，頁 90。
〔註40〕《大乘意講還源寶卷》，頁 102。
〔註41〕《三祖行腳因由寶卷》，收入《寶卷初集》第四冊，頁 220。
〔註42〕《三祖行腳因由寶卷》，頁 225。
〔註43〕《普明如來無爲了義寶卷》，收入《寶卷初集》第四冊，頁 388～389。
〔註44〕《普明如來無爲了義寶卷》，頁 521。

投師拜祖求法，授持五戒，晝夜參道，本無間斷，絲毫不掛，寸草不拈，意馬牢拴，意掛在眞空境界。	不明	佛說銷釋保安寶卷〔註45〕
跪在師面授其三歸五戒……四不飲酒喫肉。……若是開齋破戒，泄漏佛法身，化膿血眼光落地。	不明	佛說銷釋保安寶卷〔註46〕
你自知圖名圖利，殺害牲靈，吃酒吃肉，造下業根。十帝閻君，三曹對案，惡簿上造得分明。	不明	佛說銷釋保安寶卷〔註47〕
師傅勸你吃齋罷，妄言妄由不肯依。今此閻王拏定你，送在江河轉濕生。	不明	佛說銷釋保安寶卷〔註48〕
不明三皈共五戒，天地無私豈饒人。有願不修難了苦，能修無願也超塵。	黃天道	太陽開天立極億化諸佛歸一寶卷〔註49〕
老禪師法寶開，無字眞經街前賣。不愛你錢財，只要你持齋三時五候勤參拜，小善才抬頭觀看，時時見如來。	黃天道	太陽開天立極億化諸佛歸一寶卷〔註50〕
望祖師開惻隱之心，將俺救渡。一朝出苦，恩有重報，意不所忘。祖師曰，你今實爲生死，寫下投詞，立下誓狀，放下骨格，討了保狀，吾才傳與你皈家香一炷，三皈五戒，十件大事，聽咱開示。	清茶門教大乘教大成教收元教弘陽教白陽教	皇極金丹九蓮正信歸眞還鄉寶卷〔註51〕
不持齋，不拜佛，難見青天。不燃燈，不功果，怎見光圓。	金幢教	多羅妙法經〔註52〕
受三皈，持五戒，答愿皈宗。點三關，收呼吸，宿了他心。……開了齋，破了戒，障了大道。眾元人，亂紛紛，不知眞假。	金幢教	多羅妙法經〔註53〕

〔註45〕《佛說銷釋保安寶卷》，收入《寶卷初集》第六冊，頁17。
〔註46〕《佛說銷釋保安寶卷》，頁237～239。
〔註47〕《佛說銷釋保安寶卷》，頁355。
〔註48〕《佛說銷釋保安寶卷》，頁362。
〔註49〕《太陽開天立極億化諸佛歸一寶卷》，收入《寶卷初集》第七冊，頁57。
〔註50〕《太陽開天立極億化諸佛歸一寶卷》，頁223。
〔註51〕《皇極金丹九蓮正信歸眞還鄉寶卷》，收入《寶卷初集》第八冊，頁86～87。
〔註52〕《多羅妙法經》，收入《寶卷初集》第九冊，頁82。
〔註53〕《多羅妙法經》，收入《寶卷初集》第九冊，頁101～102。

吃齋不明持齋理，捨財不喜枉然財。進銳退速非道客，篤信好學是能才。	金幢教	多羅妙法經〔註54〕
肯持齋，超度親，有些孝順。破家緣，惹禍端，父母不顧。	金幢教	多羅妙法經〔註55〕
若人依吾指點，定做高人。行道之好不可盡言，聽偈爲證。勸化持齋修道道，依師勸化作高賢。	不明	承天效法后土皇帝道源度生寶卷〔註56〕
我爲你，吃長齋，拜廟燒香。手搯美，娘養你，一十五歲。到如今，成人大，忘了親娘。	不明	銷釋孟姜忠烈貞節賢良寶卷〔註57〕
十戒：一、不得殺生害命理。……五、不得喫肉并飲酒。	不明	銷釋南無一乘彌陀授記歸家寶卷〔註58〕
一切神靈白衣奶奶，我如今求個兒求個女是俺後代，假若是有感應，吃了長齋。	弘陽教	銷釋白衣觀音菩薩送嬰兒下生寶卷〔註59〕
當初只說求一個，求一送二落凡間。一願長齋你還了，二願蓋廟得完全。三願不往普陀去，你看兒女你喜歡。	弘陽教	銷釋白衣觀音菩薩送嬰兒下生寶卷〔註60〕
原來性一點光人人俱有，認財色爲兒女業網纏身。吃酒肉貪邪淫迷了佛性，一輩輩串房簷死了復生。鑰鍉佛傳寶卷親臨降世，丙戌年九月內性下天宮。	黃天道	鑰鍉佛寶卷〔註61〕
俺爲你，下東臨，千辛萬苦。恨不的，將大眾，點鐵成金。肯信心，皈依俺，凡心自死。守三歸，遵五戒，自有安身。	金幢教	佛說皇極金丹九蓮證性皈眞寶卷〔註62〕

〔註54〕《多羅妙法經》，收入《寶卷初集》第十冊，頁73。
〔註55〕《多羅妙法經》，收入《寶卷初集》第十冊，頁76。
〔註56〕《承天效法后土皇帝道源度生寶卷》，收入《寶卷初集》第十一冊，頁23。
〔註57〕《銷釋孟姜忠烈貞節賢良寶卷》，收入《寶卷初集》第十一冊，頁431。
〔註58〕《銷釋南無一乘彌陀授記歸家寶卷》，收入《寶卷初集》第十二冊，頁82。
〔註59〕《銷釋白衣觀音菩薩送嬰兒下生寶卷》，收入《寶卷初集》第十二冊，頁187。
〔註60〕《銷釋白衣觀音菩薩送嬰兒下生寶卷》，頁446～447。
〔註61〕《鑰鍉佛寶卷》，收入《明清民間宗教經卷文獻》第四冊，頁874。
〔註62〕《佛說皇極金丹九蓮證性皈眞寶卷》，收入《明清民間宗教經卷文獻》第五冊，頁85。

假知識，葷不葷來素不素。吃酒吃肉得成佛，連我心中也糊突。	金幢教	佛說皇極金丹九蓮證性皈眞寶卷〔註63〕
今朝決破繁華理，輥出婆婆終法王。對天明願求出手，酒肉葷腥永不嚐。回光不在遲合早，只怕緣薄不忖量。	金幢教	佛說皇極金丹九蓮證性皈眞寶卷〔註64〕
及持齋，須遵戒，三皈保守。蕩邪心，掃雜念，性淨神清。玄律重，必難逃，各自思忖。信魔徒，聽外道，天理難容。	金幢教	佛說皇極金丹九蓮證性皈眞寶卷〔註65〕
說八百餘萬十惡之鬼，既得我佛慈悲，解脫酆都之苦，只可捨舊圖新，改惡向善，修理歸家徑路。遵三歸持五戒，淨口業拜眞天。	黃天道	佛說利生了義寶卷〔註66〕
齋戒本是戒性情，不齋不戒犯眞空。酒色財氣成虛望，空中難昧古圓通。迷人不識眞佛面，閻王勾取不饒人。吃了酒得送無間，吃了肉得還性命。	黃天道	佛說利生了義寶卷〔註67〕
有等迷混持齋者，朝朝每日醉醺醺。問他因何不戒酒，酒爲素來不爲暈。有等持齋還殺賣，圖財治命宰牲靈。這些都犯天條罪，知法犯法罪加增。	黃天道	佛說利生了義寶卷〔註68〕
世間男女不平心，秪吃生靈，秪吃生靈。吃他八兩還半斤，誰肯饒人，誰肯饒人。他是前生造惡因，才變畜生，才變畜生。你今吃他替他生，永墮沉淪，永墮沉淪。	黃天道	佛說利生了義寶卷〔註69〕
今得人身非容易，父母恩養我成人。貧子心中纔省事，知道學好念佛經。知道吃齋參三寶，知道向善拜師眞。	東大乘教圓頓教	銷釋接續蓮宗寶卷〔註70〕
凡性本是弓長祖，家住燕南大寶村。自幼喫齋心慈善，參師訪友拜高人。翠花張姐爲引進，投拜眞佛法王尊。授持三皈合五戒，挑開四相見眞人。	圓頓教先天道青蓮教悄悄會	龍華寶經〔註71〕

〔註63〕《佛說皇極金丹九蓮證性皈眞寶卷》，頁119。
〔註64〕《佛說皇極金丹九蓮證性皈眞寶卷》，頁132。
〔註65〕《佛說皇極金丹九蓮證性皈眞寶卷》，頁187。
〔註66〕《佛說利生了義寶卷》，收入《明清民間宗教經卷文獻》第五冊，頁417。
〔註67〕《佛說利生了義寶卷》，頁422。
〔註68〕《佛說利生了義寶卷》，頁422。
〔註69〕《佛說利生了義寶卷》，頁423。
〔註70〕《銷釋接續蓮宗寶卷》，收入《明清民間宗教經卷文獻》第五冊，頁634。
〔註71〕《龍華寶經》，收入《明清民間宗教經卷文獻》第五冊，頁742。

天下眾生男女老少，自從靈山失散原來眞寶，迷入貪嗔痴愛，不信佛法，不敬天地日月三光，不孝父母六親眷屬，貪戀一切女色財寶，偷盜淫妄，飲酒食肉，昏迷神思，恣縱身心，常行苦海，罪殃深重，因此有刀兵水火疫癘，災凶禍患纏繞，痛苦憂煎。	圓頓教	龍華懺〔註72〕
佛言大地眾生都有冤債牽纏，如有所繫何由解脫。只因不信佛法，口貪滋味，殺害生靈，充亡口腹。不知人人愛命，物物貪生，口不能言，含冤負屈，痛苦莫伸。與你黃金千兩，誰肯將刀自割，積下無量無邊冤債。吃他半斤還他八兩，殺他一命償他一命，生生世世無有休息，何得出期。	圓頓教	龍華懺〔註73〕
獄主答言，前起男女他在陽間，授持三皈五戒，修習性理元根，誦經禮懺，修諸善果，得先天無爲之妙道。故有童男童女引送至菩提彼岸，去赴龍華三會。後起男女他在陽間，毀謗佛法，開齋破戒，不修片善，因此打入奈河，受諸苦楚，無有出期。	圓頓教	龍華懺〔註74〕
飲酒食肉逞剛強，殺生害命自承當。……王文終日殺生靈，不怕無常見閻君。殺他一命還一命，返復顚倒殺自身。王文境界滯在紅塵，累劫苦貪嗔，殺生害命，破戒邪淫。無常來到，死墮幽冥，三曹驗看，陰司罪不輕。	不明	佛說如如居士王文生天寶卷〔註75〕
不依如來正法輪，毀齋破戒覓邪宗。損了陽壽三十載，特來取你赴幽冥。王文聽說好心驚，夢中恐怖戰欽欽。……鬼使飛怒唱罵王文，每日殺生靈破齋犯戒，酒肉齋行，造業深重，毀犯神明，折減陽壽取你去見閻君。	不明	佛說如如居士王文生天寶卷〔註76〕
在陽間，破齋戒，不敬三寶。明知道，全不信，毀謗神靈。……墮地獄，十八層，都要受過。赴輪迴，變騾馬，才得翻身。披著毛，帶著角，用命還債。活活的，刀頭死，以肉供人。你喫他，肉半斤，還他八兩。你喫了，十六兩，還他一斤。	不明	佛說如如居士王文生天寶卷〔註77〕
世人修福不修慧，只談是非不念經。經中消息全不曉，單說富貴與功名。有酒有肉是榮耀，持齋把素有幾人。腹內不明眞本性，苦口想勸總不聽。	不明	如如老祖化度眾生指往西方寶卷〔註78〕

〔註72〕　《龍華懺》，收入《明清民間宗教經卷文獻》第五冊，頁758。
〔註73〕　《龍華懺》，頁762。
〔註74〕　《龍華懺》，頁799。
〔註75〕　《佛說如如居士王文生天寶卷》，收入《明清民間宗教經卷文獻》第六冊，頁10。
〔註76〕　《佛說如如居士王文生天寶卷》，頁13。
〔註77〕　《佛說如如居士王文生天寶卷》，頁17～18。
〔註78〕　《如如老祖化度眾生指往西方寶卷》，收入《明清民間宗教經卷文獻》第六冊，頁36。

為貪口腹將他殺，誰知性命一般由。臨命終時眞個苦，何不將心比佛修。形體雖然有別色，天生靈性一樣留。雞逢殺時渾身抖，狗死開眼見主謀。豬若殺時聲叫屈，牛逢殺時淚雙流。四生六道輪迴轉，一失人身沒處求。你喫我來我喫你，喫他四生結冤仇。	不明	如如老祖化度眾生指往西方寶卷〔註79〕
王文正在前頭走，監齋菩薩後面跟。到了他家請上坐，王文舉手把酒吞。酒到嘴來肉進口，護法伽藍一見瞋。千斤寶鎚打下去，王文身殞失三魂。鄉鄰忙把香茶灌，灌醒王文說事因。忽然菩薩來打我，道我開齋把酒吞。	不明	如如老祖化度眾生指往西方寶卷〔註80〕
生前宰殺雞鵝鴨，開葷破戒害生靈。應受碎磨地獄報，磨碎王文苦殺人。……奉勸眼前諸君子，持齋把素早回心。王文受了磨碎獄，眼前鬼使又來臨。	不明	如如老祖化度眾生指往西方寶卷〔註81〕
竈王寶卷初展開，六丁六甲鎮家宅。道稱雲廚爲司命，釋教緊那吾監齋。吾本菩薩大化身，護持善士一福神。上奉諸佛獻供養，下齋十方有道人。	不明	福國鎮宅靈應竈王寶卷〔註82〕
且問持齋念佛之人有何好處？試看爲聖作賢者，都是持齋念佛人。聖賢一語價千金，遠超苦趣越紅塵。	不明	福國鎮宅靈應竈王寶卷〔註83〕
法輪轉，無晝夜，普照群生。迷眾生，不認眞，貪戀愛寶。殺生靈，喫酒肉，不肯回心。造罪業，重如山，難離苦海。……受三皈，和五戒，指你眞經。捨凡情，發弘誓，超出三界。	黃天道	普明如來無爲了義寶卷〔註84〕
世尊答曰：母懷八月，孩兒如受八般地獄。……母食五葷者，如受糞池地獄。……	羅教大乘教龍華教	明宗孝義達本寶卷〔註85〕
十大重恩句句分明，世人不依從，專習邪法。父母成病爲男爲女，墮落幽冥，若人齋戒，爹娘得超昇。		明宗孝義達本寶卷〔註86〕
阿難合掌頂禮，哀告世尊，如何報得父母之恩。世尊答曰：汝等大眾眞實報答父母恩者，聽我密義。諸上善人信心第一，二六時中，正心除疑，行住坐臥，尊重爲體，覺照爲用。覺照四生六道，俱是父母爹娘九玄七祖，要報父母之恩，切須持齋戒殺，方才報得父母之恩也。		明宗孝義達本寶卷〔註87〕

〔註79〕 《如如老祖化度眾生指往西方寶卷》，頁42。
〔註80〕 《如如老祖化度眾生指往西方寶卷》，頁49。
〔註81〕 《如如老祖化度眾生指往西方寶卷》，頁54。
〔註82〕 《福國鎮宅靈應竈王寶卷》，收入《明清民間宗教經卷文獻》第六冊，頁74。
〔註83〕 《福國鎮宅靈應竈王寶卷》，頁103。
〔註84〕 《普明如來無爲了義寶卷》，收入《明清民間宗教經卷文獻》第六冊，頁142。
〔註85〕 《明宗孝義達本寶卷》，收入《明清民間宗教經卷文獻》第六冊，頁206。
〔註86〕 《明宗孝義達本寶卷》，頁212。
〔註87〕 《明宗孝義達本寶卷》，頁213。

善惡到頭終有報，殺一牲來還一生。你若害他他害你，喫他八兩還半觔。一還一報何日盡，冤冤相報苦無窮。若要斬除生死事，除非戒殺度雙親。		明宗孝義達本寶卷〔註88〕
現在天堂人不覺，現在地獄不知音。泰平豐年如天堂，撩亂凶荒似地獄。持齋戒殺如天堂，殺戮安排似地獄。溫柔良善如天堂，惹是招非似地獄。		明宗孝義達本寶卷〔註89〕
一報天地蓋載恩，發生萬生養眾生。天地蓋載恩難報，喫齋念佛報重恩。二報日月照臨恩，週而復始現光明。日月照臨恩難報，喫齋念佛報重恩。三報皇王水土恩，風調雨順五穀登。皇王水土恩難報，喫齋念佛報重恩。四報爹娘養育恩，乳哺三年費辛勤。父母劬勞恩難報，喫齋念佛報重恩。………十報三教聖人恩，各留經典度眾生。三教經書恩難報，喫齋念佛報重恩。		明宗孝義達本寶卷〔註90〕
天地包含萬物生，發現萬物養瞻人。蓋載之恩難酬報，持齋念佛報天恩。	不明	太上祖師三世因由總錄〔註91〕
吾王得知他乃山東萊州府即墨縣人氏，幼小持齋把素，當天受了如來五百大戒，他是軍丁人戶，吃我王俸碌，聞知番兵到來，要與我朝交戰。不想此人這等神通，攀起弓箭望空三箭，蓮花空中而下，番兵見了懼怕，因此退了十萬番兵。	不明	太上祖師三世因由總錄〔註92〕
公公檢點心田淨，持齋把素要堅心。你今受了無爲道，心中凡事要公平。三皈五戒須清正，是有家鄉作証盟。	不明	太上祖師三世因由總錄〔註93〕
番僧參問我師何爲安身立命，祖曰：要求安身立命須要發下四十八願。僧曰：弟子若有背義忘恩，洩漏佛法，開齋犯戒，當時身化血光。	不明	太上祖師三世因由總錄〔註94〕
吃齋之人不戒酒，後世必遭刑笞杖，家事盡廢，離鄉別井，故以戒酒爲先。……吃齋之人不戒色，必是輪迴不免，後世容顏醜陋，故以戒色爲貳。……吃齋之人不戒財，世世妄爲貪濫，禮義不知，故以戒財爲參。……吃齋之人不戒氣，後世必成短命身，忘官非口舌，不能清吉，故此戒氣爲四。	不明	太上祖師三世因由總錄〔註95〕

〔註88〕《明宗孝義達本寶卷》，頁215。
〔註89〕《明宗孝義達本寶卷》，頁221。
〔註90〕《明宗孝義達本寶卷》，頁237。
〔註91〕《太上祖師三世因由總錄》，收入《明清民間宗教經卷文獻》第六冊，頁243。
〔註92〕《太上祖師三世因由總錄》，頁245。
〔註93〕《太上祖師三世因由總錄》，頁247。
〔註94〕《太上祖師三世因由總錄》，頁253。
〔註95〕《太上祖師三世因由總錄》，頁259。

祖懺曰：阿彌陀佛。吃齋之人，只有天堂之路，並無地獄之門。生生不脫菩提路，世世常飯選佛場。四十八願，願願成佛。一子持齋九族昇天，若不昇天，諸佛誑言。	不明	太上祖師三世因由總錄〔註96〕
姚文宇：幼年來，父母喪，無藝營生。從長成，食長齋，無有依靠。吾意欲，往他方，覓藝營生。道者言，少年人，既然食素。何不去，拜明師，學道修行。	不明	太上祖師三世因由總錄〔註97〕
祖發慈悲，指破單傳道法，時時轉悟，刻刻勤守三飯清正，五戒精嚴，將地獄化作一朵蓮花。	大乘教 龍華教 無為教	天緣結經寶卷〔註98〕
鱗甲羽毛莫相食噉。……祖願慈悲，遺留千經萬典，苦勸眾生，這般四生之肉，莫相食噉。食噉者，冤冤相報，劫劫填還，再得人身難上又難。似須彌山滾芥投針，水中撈月一般。		天緣結經寶卷〔註99〕
老祖發大慈悲，遺留三飯五戒，教人持齋把素，一心念佛，將歷劫冤仇，盡皆銷釋。		天緣結經寶卷〔註100〕
若有孝子賢孫，持齋向善，念佛看經，將九玄七祖，在獄中受苦，是然悉皆解脫。		天緣結經寶卷〔註101〕
早喫齋，肯念佛，不入地獄。閻羅王，他不肯，虧了善人。……肯喫上，一日齋，也是功行。文簿上，盡都是，十惡不善。……你舉意，要喫齋，信香先至。十閻王，有慧眼，千里看明。	不明	大乘意講還源寶卷〔註102〕
祖云：食葷之家也有圈豬待人之殺，也有籠雞待人之殺業事。忙忙日與禽畜雜處，即有道場他也遇不著吃素之人。	龍華教	大乘正教科儀寶卷〔註103〕
諸菩薩摩訶薩，天龍八部天仙眷屬，萬象森羅，普天斗曜，三界正直掌福祿壽一切聖賢，光降齋筵之上聽宣，情意鑑納。	龍華教	大乘正教科儀寶卷〔註104〕
何謂四恩？答：天地蓋載，日月照臨，皇王水土，父母生身。問：何能報得？答：必須持齋受戒，投遇明師，明心見性，方才報得既有四恩。	龍華教	大乘正教科儀寶卷〔註105〕

〔註96〕《太上祖師三世因由總錄》，頁262。
〔註97〕《太上祖師三世因由總錄》，頁296。
〔註98〕《天緣結經寶卷》，收入《明清民間宗教經卷文獻》第六冊，頁317。
〔註99〕《天緣結經寶卷》，頁318。
〔註100〕《天緣結經寶卷》，頁321。
〔註101〕《天緣結經寶卷》，頁322。
〔註102〕《大乘意講還源寶卷》，收入《明清民間宗教經卷文獻》第六冊，頁356～357。
〔註103〕《大乘正教科儀寶卷》，頁367～368。
〔註104〕《大乘正教科儀寶卷》，頁375。
〔註105〕《大乘正教科儀寶卷》，頁377。

酒是穿腸毒藥，飲能亂性迷心。君子醉也亂胡行，敗國亡家傷性命。五百大戒酒爲尊。酒字說明肉字再講，肉字裡兩個人，裡頭不見外頭人，吃他半觔還八兩，打轉輪迴人食人。	龍華教	大乘正教科儀寶卷〔註106〕
我聖祖的法門，乃清淨的法門。要你齋得清戒得明，一斷永斷，一了百了，此乃五戒明白。	龍華教	大乘正教科儀寶卷〔註107〕
父母懷胎苦無窮，爲男爲女費辛勤。養育之恩難酬報，吃齋念佛報重恩。	龍華教	科儀寶卷〔註108〕
做齋以後，老者如山不體，少者似水長流，求福者福如東海，求壽者壽比南山，求道者道心堅固。……	龍華教	科儀寶卷〔註109〕
發愿云云，弟子不敢開齋破戒，不敢漏洩三乘妙法，不敢忘恩背祖，如有此等，願遭甚麼報，諸佛作證。	龍華教	科儀寶卷〔註110〕
文殊菩薩問佛云何修證得六渡波羅蜜，佛言：若有眾生能捨酒肉不食，能捨財物不貪，能捨恩愛不戀，能捨諸惡不作，能捨人我不爭，名得第一布施波羅蜜。	龍華教	皈依科儀〔註111〕
十條戒律：三者食酒糟醋煙等物，不容入道。……八者開齋破戒，顛倒復回，又引進舉保，同拜佛發愿懺悔。	龍華教	龍華科儀〔註112〕
皈依科：爾可用心聽著，酒是穿腸毒藥…… 肉字內裡兩個人……	龍華教	龍華科儀〔註113〕
我和爾吃齋受戒之人，要學那前輩古人。魯男子，閉戶不納。柳下惠，坐懷不亂，才是眞君子。……吃齋受戒的婦人，要學前輩古婦人。孟光舉案，敬姜勤織，才是世間良婦，女中丈夫。	龍華教	龍華科儀〔註114〕
國王水土恩非淺，父母劬勞德難完。勸君持齋總報本，隨仙超昇上法船。	龍華教	大乘正教明宗寶卷〔註115〕
三炷信香在靈前，奉請尊靈赴齋筵。…… 奉獻尊靈一個齋，五穀本是田中來。	龍華教	大乘正教明宗寶卷〔註116〕

〔註106〕《大乘正教科儀寶卷》，頁379。
〔註107〕《大乘正教科儀寶卷》，頁381。
〔註108〕《科儀寶卷》，收入《明清民間宗教經卷文獻》第六冊，頁400。
〔註109〕《科儀寶卷》，頁405。
〔註110〕《科儀寶卷》，頁425。
〔註111〕《皈依科儀》，收入《明清民間宗教經卷文獻》第六冊，頁437。
〔註112〕《龍華科儀》，收入《明清民間宗教經卷文獻》第六冊，頁441。
〔註113〕《龍華科儀》，頁442。
〔註114〕《龍華科儀》，頁444～445。
〔註115〕《大乘正教明宗寶卷》，收入《明清民間宗教經卷文獻》第六冊，頁456。
〔註116〕《大乘正教明宗寶卷》，頁459。

浙江張敬有之女，其貌極醜，文學甚篤，幼持齋戒，及其長也，不肯議婚，世人皆疑。	龍華教	七枝因果〔註117〕
至於持齋長者，陶淵明持齋生六子；竇燕山受戒嗣五男；唐肅宗奉佛二十子；宋眞宗一妻二十兒。	龍華教	七枝因果〔註118〕
峻曰：古亦持齋乎？旺公曰：持齋。如將軍守城，天下太平城何用守，空齋空戒亦是無益，空守其城亦復如是。	龍華教	七枝因果〔註119〕
有女輩的知我食齋，道我害子害孫之榮，更有狠毒的道我害夫絕嗣之齋。	龍華教	七枝因果〔註120〕
善男信女，善男者，善心學滿必成佛果。信女者，信心皈依佛道。錦曰：怎麼皈依？花曰：皈善道依正理，先持齋戒，後依佛旨。	龍華教	七枝因果〔註121〕
眾人罵道，吃什麼無生育的菜，吃什麼短命的齋。這一個言：慢慢的餓鬼；那一個說：活活的地獄。叫做對面相逢慾債主，回頭又遇結冤家。	龍華教	七枝因果〔註122〕
南台城內旗排街，湯了然有小齋堂。羅清在堂布教說義，偶逢黨尚書張永公公，二位大臣遊行到湯了然齋堂，聽演說妙理，入耳堪聽。逢遇各國論道理，論勝者爲上邦，輪輸者爲下邦。	龍華教	羅祖派下八支因果經〔註123〕
持齋易，戒酒難；戒酒略易，修行更難。	龍華教	羅祖派下八支因果經〔註124〕
端明怒曰：西方會上三千佛，未必持齋得道人。只見讀書朝親闕，未聞持齋上天廷。你今餓盡腸肚，哄騙男女，謂人人本有佛性，個個不無彌陀，愚人信以爲是，予不信也。	龍華教	羅祖派下八支因果經〔註125〕
如金玉本是方圓，打碎了不能復初者。欲得復初者先須齋戒，從佛修因，如砌牆之基址也。若不齋戒，不稱善人，一失人身萬劫不復。	龍華教	羅祖派下八支因果經〔註126〕

〔註117〕《七枝因果》，收入《明清民間宗教經卷文獻》第六冊，頁477。
〔註118〕《七枝因果》，頁485。
〔註119〕《七枝因果》，頁491。
〔註120〕《七枝因果》，頁497。
〔註121〕《七枝因果》，頁498。
〔註122〕《七枝因果》，頁500。
〔註123〕《羅祖派下八支因果經》，收入《明清民間宗教經卷文獻》第六冊，頁522。
〔註124〕《羅祖派下八支因果經》，頁528。
〔註125〕《羅祖派下八支因果經》，頁533。
〔註126〕《羅祖派下八支因果經》，頁561。

勸夫持齋論：你不賢婦狼毒心，勸我戒酒猶可，即我喫素，死在眼前。凡人受傷則補，不用肥甘補之，反以淡泊荼味削之，須與命即休矣。……	龍華教	羅祖派下八支因果經〔註127〕
有女輩的，知我食齋，道我害子害孫之荼；更有狼毒的，道我害夫絕嗣之齋。……	龍華教	羅祖派下八支因果經〔註128〕
汝看他吃甚麼絕嗣荼，喫甚麼無福齋，既吃荼不該嫁，既嫁不該吃荼。	龍華教	羅祖派下八支因果經〔註129〕
要知天機，趕早皈依，持九龍齋。十二月間，廿四日起，至于正月，初四日止，精神康健。	龍華教	羅祖派下八支因果經〔註130〕
奉敬聖佛仙神，若無齋戒沐浴，潔誠致敬，則不惟失禮，且有冒瀆之憾，一般信者，豈可不守禮法乎哉。	龍華教	羅祖派下八支因果經〔註131〕
又見持齋人厝邊眞平和，無持齋人厝邊有以前所見種種怪物，及邪魔鬼怪徘徊。	龍華教	羅祖派下八支因果經〔註132〕
每日燒香念佛，打齋送供，齋僧布施，個個臨老都無有見性明心。	弘陽教混元教	弘陽苦功悟道經〔註133〕
若有吃齋受苦人，以修行懼怕生死，找不著家鄉徑路，你就領他弘誓願，點與他一步修行。	弘陽教混元教	弘陽苦功悟道經〔註134〕
凡間仔細去參道，休做開齋破戒人。再三囑付多囑付，乎扯飄高淚紛紛。	弘陽教混元教	弘陽苦功悟道經〔註135〕
讚嘆開齋破戒之人，發願戒律心，犯了弘願，捨了凡身，欺師滅祖，業如丘山。	弘陽教	弘陽嘆世經〔註136〕
大眾有分，側耳聞聽，吃齋奉戒，惜愛生靈，才是明心報答天地蓋載恩。天地蓋載恩，不報是非人。齋戒救性命，報答最深恩。	弘陽教	弘陽後續天華寶卷〔註137〕

〔註127〕《羅祖派下八支因果經》，頁571。
〔註128〕《羅祖派下八支因果經》，頁581。
〔註129〕《羅祖派下八支因果經》，頁594。
〔註130〕《羅祖派下八支因果經》，頁619。
〔註131〕《羅祖派下八支因果經》，頁635。
〔註132〕《羅祖派下八支因果經》，頁638。
〔註133〕《弘陽苦功悟道經》，收入《明清民間宗教經卷文獻》第六冊，頁673。
〔註134〕《弘陽苦功悟道經》，頁680。
〔註135〕《弘陽苦功悟道經》，頁713。
〔註136〕《弘陽嘆世經》，收入《明清民間宗教經卷文獻》第六冊，頁737。
〔註137〕《弘陽後續天華寶卷》，收入《明清民間宗教經卷文獻》第六冊，頁770。

進的佛門，酒爲開齋，肉爲破戒。你要是開齋破戒，再發弘願一道，進的佛門，不許你欺師滅祖。	弘陽教	銷釋混元弘陽大法祖明經午科〔註138〕
*十戒禮懺文： 一戒不犯殺生命，二戒不舉盜人心。三戒不犯邪淫病，四戒眞實不妄行。五戒除心不飲酒，六戒清淨不食葷。七戒五辛皆掃盡，八戒琴棋歌舞爭。九戒香熏衣不掛，十戒忍辱要遵人。	弘陽教	銷釋混元無上拔罪救苦眞經〔註139〕
不念佛號，墮黑暗地獄。飲酒食肉，墮於糞坑地獄。	弘陽教	銷釋混元弘陽血湖寶懺〔註140〕
既然吃長齋，常把心田打掃淨。煉成純陽，得了上崑崙。	弘陽教	清淨窮理盡性定光寶卷〔註141〕
佛家生老病死苦，貪圖名利落場空。記然吃齋休爭競，一人化形三教門。	弘陽教	清淨窮理盡性定光寶卷〔註142〕
有智人喫長齋迴光返照，免得爾在奈河苦痛難當。改了惡從了善勉了地獄，喫了齋把地獄化做天堂。	西大乘教 弘陽教 混元教 收元教	泰山東嶽十王寶卷〔註143〕
勸大眾聞聽法迴光返照，斷了葷喫各修來因長齋。十王卷眞實話鍼插無空，冥府裡照清潔不錯毫分。		泰山東嶽十王寶卷〔註144〕
說那大地眾生，若要斷除罪孽，免卻輪迴，總要持齋修道，煆棄昏迷鄰亂，悟通玄機效驗。	黃天道 長生教	彌勒佛說地藏十王寶卷〔註145〕
何用貪些滋味喫，葷味不及素味長。飲酒食肉由他過，持齋念佛往西方。	黃天道 長生教	彌勒佛說地藏十王寶卷〔註146〕

〔註138〕《銷釋混元弘陽大法祖明經午科》，收入《明清民間宗教經卷文獻》第六冊，頁802。

〔註139〕《銷釋混元無上拔罪救苦眞經》，收入《明清民間宗教經卷文獻》第六冊，頁830。

〔註140〕《銷釋混元弘陽血湖寶懺》，收入《明清民間宗教經卷文獻》第六冊，頁862。

〔註141〕《清淨窮理盡性定光寶卷》，收入《明清民間宗教經卷文獻》第六冊，頁941。

〔註142〕《清淨窮理盡性定光寶卷》，頁951。

〔註143〕《泰山東嶽十王寶卷》，收入《明清民間宗教經卷文獻》第七冊，頁4。

〔註144〕《泰山東嶽十王寶卷》，頁6。

〔註145〕《彌勒佛說地藏十王寶卷》，收入《明清民間宗教經卷文獻》第七冊，頁34。

〔註146〕《彌勒佛說地藏十王寶卷》，頁35。

沒戒弟子仔細聽，三皈五戒要堅心。三皈必要清如水，五戒念切緊緊行。學道持齋受五戒，信心久遠守到頭。	黃天道 長生教	彌勒佛說地藏十王寶卷〔註147〕
一子喫齋千佛喜，九玄七祖盡超昇。	黃天道 長生教	彌勒佛說地藏十王寶卷〔註148〕
釋迦佛說法勸化眾生，喫素行善，孝順爹娘，恭敬叔伯，和睦鄉鄰，恤孤憐貧，修橋鋪路，施茶捨燈，……	黃天道 長生教	彌勒佛說地藏十王寶卷〔註149〕
嗟呼！殺生大痛難言，雞逢殺渾身亂抖；犬逢殺眼看主人；豬逢殺高聲大叫；魚逢網飛跳亂攛；鳥逢網飛南轉北；兔逢鷹奔逃山林；牛逢殺眼中流淚；蟬下鍋渾身飛攛，此等眾生，俱是貪生怕死，極苦難逃。	黃天道 長生教	彌勒佛說地藏十王寶卷〔註150〕
世人要報爹娘恩，喫素念佛早修行。生下週歲養長大，爹娘愛惜如寶珍。乳哺辛勤恩如天，碎骨分身難報恩。要喫三年十月素，孝順爹娘學好人。	黃天道 長生教	彌勒佛說地藏十王寶卷〔註151〕
我佛又問仙童，奈河之中許多披頭散髮，叫苦傷心，悽悽惶惶，啼哭十分，此人可有超生否？童子答曰：若有孝順男女，或喫報恩素三年零十月，或喫血盆素三年。或做好人，超薦陰靈，此鬼腳下，即生蓮花一朵，遂有童男童女迎接上岸，送往金橋而過。	黃天道 長生教	彌勒佛說地藏十王寶卷〔註152〕
爲善不論老和小，修行不論俗與僧。諸上善人持齋戒，四生冤孽好離身。	黃天道	大聖彌勒化度寶卷〔註153〕
只要你等喫素盪善，心向菩提，可解瘟疫之劫。	黃天道	大聖彌勒化度寶卷〔註154〕
肉字中間兩個人，仔細思量人喫人。清茶淡飯也可喫，破衣遮寒煖即休。世人只道葷能養命，誰知性愛清味。素菜二字採日月之精華，奪山川之秀氣，開花結果，留子隔年可種。那歷代成佛成仙俱是持齋把素，參禪悟道，養性修眞，可證菩提之果也。	黃天道	大聖彌勒化度寶卷〔註155〕

〔註147〕《彌勒佛說地藏十王寶卷》，頁38。
〔註148〕《彌勒佛說地藏十王寶卷》，頁42。
〔註149〕《彌勒佛說地藏十王寶卷》，頁43。
〔註150〕《彌勒佛說地藏十王寶卷》，頁49。
〔註151〕《彌勒佛說地藏十王寶卷》，頁53。
〔註152〕《彌勒佛說地藏十王寶卷》，頁65。
〔註153〕《大聖彌勒化度寶卷》，收入《明清民間宗教經卷文獻》第七冊，頁98。
〔註154〕《大聖彌勒化度寶卷》，頁106。
〔註155〕《大聖彌勒化度寶卷》，頁122。

彌勒古佛救萬民，勸化世人早修行。台州黑氣沖天界，化一老僧念佛經。去往太常寺投齋，特來化齋宿寺門。	黃天道	大聖彌勒化度寶卷〔註156〕
彌勒佛說：齋者齊也。不吃五葷非是齋也，要人心不散亂，喫坎離齋，拜震兌佛爲眞齋。…… 齋字下面點三心，三點包藏三界理。千變萬化三點生，一氣分爲天地人。俱有三寶成乾坤，若無三寶天地滅。天上名爲日月星，在世即名儒釋道。又按人身精氣神，水火風名按地理。	黃天道	大聖彌勒化度寶卷〔註157〕
喫素向道來生福，當來治世高遐齡。一日持齋千日福，壽活八萬一千春。	黃天道	大聖彌勒化度寶卷〔註158〕
諸佛菩薩齋來到，金剛天王赴壇中。普勸善男共信女，喫素念佛辦眞工。	黃天道	古佛當來下生彌勒出西寶卷〔註159〕
玉帝聖目觀見世間，一切僧道不肯持齋受戒，毀謗儒俗，修行飲酒喫肉，葷口禮懺，收歸地獄。	黃天道	古佛當來下生彌勒出西寶卷〔註160〕
若是酒肉供神，不來受歆，反祭魑魅魍魎，心想求福，反降災星。	黃天道	古佛當來下生彌勒出西寶卷〔註161〕
妖精怪，既爲神，持齋受戒。喫豬羊，雞鵝鴨，永墮沉淪。葷腥肉，惡人變，輪迴還報。況世人，來祈禱，何用葷腥。你喫他，四生肉，罪犯天條。身披毛，頭戴角，自受苦辛。	黃天道	古佛當來下生彌勒出西寶卷〔註162〕
古佛囑咐大地男女，速急早知音。切莫殺生靈，葷腥酒肉，宗親變成，把刀將他殺，你可認得眞。	黃天道	古佛當來下生彌勒出西寶卷〔註163〕

〔註156〕《大聖彌勒化度寶卷》，頁131。
〔註157〕《大聖彌勒化度寶卷》，頁132。
〔註158〕《大聖彌勒化度寶卷》，頁136。
〔註159〕《古佛當來下生彌勒出西寶卷》，收入《明清民間宗教經卷文獻》第七冊，頁155。
〔註160〕《古佛當來下生彌勒出西寶卷》，頁160。
〔註161〕《古佛當來下生彌勒出西寶卷》，頁169。
〔註162〕《古佛當來下生彌勒出西寶卷》，頁170。
〔註163〕《古佛當來下生彌勒出西寶卷》，頁173。

勸大眾，急速來，抄寫明心。設齋供，誦真經，諸災通免。	救劫信仰	彌勒尊經〔註164〕
子於下世，若能回心念佛，孝順雙親，持齋修行，曾修片善者，悉與護持，免致除滅。		彌勒尊經〔註165〕
奉勸大眾仔細聽，喫齋念佛免災星。男女不聽佛言語，惡病纏身見閻君。	不明	彌勒古佛下生經〔註166〕
苦口奉勸男共女，叮嚀一次又叮嚀。叮嚀一次又叮嚀，持齋念佛訪修行。	西大乘教	東嶽天齊仁聖大帝寶卷〔註167〕
郭女夜夢神人點化，賜以雪團，食之二目重明。問曰異日奉謝，君何神也。答曰吾乃東嶽帝君也，因觀爾等心好，特來救濟，從此居家吃齋，後生四子皆大富貴。	西大乘教	東嶽天齊仁聖大帝寶卷〔註168〕
十囑咐： 七囑咐戒酒肉清濁莫混，酒性亂肉性濁污穢佛經，二六時或念經或是坐靜。本當要絕慾念見性明心，我雖躲閻君手慾念不盡，勸大眾食淡泊牢記在心。	達摩信仰	達摩寶傳〔註169〕
五戒： 戒殺生原來是仁德為本，體上天好生德戒殺放生。人生寅於東土沉埋久困，人轉畜畜轉人死死生生。歷劫內多迷昧造過太甚，人吃畜畜吃人好不傷情。	達摩信仰	達摩寶傳〔註170〕
*一子吃齋超苦海，九玄七祖盡超昇。男人食齋超九祖，女人食葷度三宗。清心靜性妙無窮，心靜安閑有佛通。誰知世事清何濁，只覺沙門靜與空。立念修持要食齋，刑名枷鎖自然開。	達摩信仰	達摩經卷〔註171〕
第九說持齋，齋者齋心也。不戒五葷非是齋也，性不散亂是真齋。此一個齋字，天來大海來深，又比天地大五分，真個妙寫得明。齋字下面點三心……	黃天道	清淨寶卷〔註172〕

〔註164〕《彌勒尊經》，收入《明清民間宗教經卷文獻》第七冊，頁187。
〔註165〕《彌勒尊經》，頁193。
〔註166〕《彌勒古佛下生經》，收入《明清民間宗教經卷文獻》第七冊，頁208。
〔註167〕《東嶽天齊仁聖大帝寶卷》，收入《明清民間宗教經卷文獻》第七冊，頁231。
〔註168〕《東嶽天齊仁聖大帝寶卷》，頁241。
〔註169〕《達摩寶傳》，收入《明清民間宗教經卷文獻》第七冊，頁292。
〔註170〕《達摩寶傳》，頁293。
〔註171〕《達摩經卷》，頁321。
〔註172〕《清淨寶卷》，頁375。

齋戒生蓮品第五： 夫齋戒者，即習佛行功，而修定慧也。齋者，爲淨口清心，不緣畜類，而拔輪迴之苦。戒者，爲正身執法，不犯根塵，而求生淨土之因。此齋戒二字，實爲清正身心，是古佛之行功本地，最尊第一。	不明	無上圓明通正生蓮寶卷〔註173〕
說齋戒二字，是如來最重第一法門。齋者，淨口舌，以斷輪迴之報。戒者，正身心，以登菩提之梯。乃生死海中有百般苦獄，四種傍生，皆因眾生舌相心相所招，若人肯願回頭，遵依禁戒，即時頓脫。	不明	無上圓明通正生蓮寶卷〔註174〕
嘆一品，學道人，茹齋受戒。起眞心，立大願，不是非輕。	不明	開玄出谷西林寶卷〔註175〕
開齋破戒罪犯千斤，諸佛盡寒心，依先功德，一豆爲塵，連親帶祖，復至幽冥。一失永失，苦海萬尋深。一子開齋廢，千人失面光，靈山愁滴淚，大地苦慚惶。	不明	開玄出谷西林寶卷〔註176〕
持長齋，修仁德，冤孽消清。禮經文，求懺悔，生死無期。	不明	開玄出谷西林寶卷〔註177〕
可憐得，一輩人，痴心妄想。不持齋，不持戒，煅煉何丹。相未除，火未滅，不消下手。精未滿，神未定，枉然用力。	金幢教	多羅妙法經卷〔註178〕
再囑咐眾位賢才，單傳直指要早解。受五戒，持香齋，點元來，十字街，理性解。半開門，頓得在，眞人來顯。	金幢教	多羅妙法經卷〔註179〕
文殊菩薩問佛曰：何是一體三寶。佛答曰：性是佛寶，如如不動是也；心是法寶，明決公正是也；身是僧寶，清淨齋戒是也。	金幢教	佛說開天地度化金經〔註180〕
論破齋戒者： 文殊菩薩問佛曰：或有善男子，善女人，一生齋戒，種諸善根。老來顚倒，破齋犯戒，而得禍報。世尊曰：此等眾生，雖有善根，無大願力，無正知見。遠離明師，漏失前功，六賊還轉，劫功德，心生顚倒，不得佛道。	金幢教	佛說開天地度化金經〔註181〕

〔註173〕《無上圓明通正生蓮寶卷》，收入《明清民間宗教經卷文獻》第七冊，頁408。
〔註174〕《無上圓明通正生蓮寶卷》，頁409。
〔註175〕《開玄出谷西林寶卷》，收入《明清民間宗教經卷文獻》第七冊，頁473。
〔註176〕《開玄出谷西林寶卷》，頁474。
〔註177〕《開玄出谷西林寶卷》，頁539。
〔註178〕《多羅妙法經卷》，收入《明清民間宗教經卷文獻》第七冊，頁556。
〔註179〕《多羅妙法經卷》，頁595。
〔註180〕《佛說開天地度化金經》，收入《明清民間宗教經卷文獻》第七冊，頁883。
〔註181〕《佛說開天地度化金經》，頁894。

老爺正教，不比別門外教，什教紛紛，千門萬教。有個有齋無戒，有個有戒無齋，老爺齋戒並行。	金幢教	皈依註解〔註182〕
三皈清淨，五戒莊嚴：…… 五戒不飲酒食肉。此酒乃縱惡，狂亂心田……此肉乃是前生非人墮下幽冥。……	金幢教	金幢教文獻〔註183〕
初年學佛，最要堅持齋戒，尊重正教。行科學儀，君臣長上之禮義。	金幢教	金幢教文獻〔註184〕
景泰六年，英即往密雲衛替叔當軍，就營中思念雙親，即發心持齋。就本營有王總督府中納婚，成婚所生一男一女，男名佛正，女名佛廣，一家持齋受戒，男大不婚，女大不嫁。	金幢教	禮佛雜經〔註185〕
家道清貧，自幼孝事雙親，持誦血盆經，食血盆齋，庇母康寧。	金幢教	禮佛雜經〔註186〕
今劫運年近，三災八難競起，世界翻騰，乾坤天亂，欲挽回造化心，普天匝地，盡行受持齋戒，方可挽回天機。	金幢教	禮佛雜經〔註187〕
如何能報四重恩，答曰： 必須持齋受戒，投遇明師，明心見性，方才報得，既然報得，各請心香一炷，總報恩情。	龍華教	彩門科教妙典卷〔註188〕
持齋受戒行大孝，報答爹娘養育恩。	龍華教	彩門科教妙典卷〔註189〕
一子持齋千佛喜，九宗七祖盡超昇。	龍華教	彩門科教妙典卷〔註190〕
十報經： 　持齋受戒明禮義，報答天地蓋載恩。…… 　持齋受戒明心性，報答日月照臨恩。……	龍華教	彩門科教妙典卷〔註191〕

〔註182〕《皈依註解》，收入《明清民間宗教經卷文獻》第七冊，頁910。
〔註183〕《金幢教文獻》，收入《明清民間宗教經卷文獻》第七冊，頁921。
〔註184〕《金幢教文獻》，頁922。
〔註185〕《禮佛雜經》，收入《明清民間宗教經卷文獻》第八冊，頁24。
〔註186〕《禮佛雜經》，頁35。
〔註187〕《禮佛雜經》，頁43。
〔註188〕《彩門科教妙典卷》，收入《明清民間宗教經卷文獻》第八冊，頁116。
〔註189〕《彩門科教妙典卷》，頁122。
〔註190〕《彩門科教妙典卷》，頁123。
〔註191〕《彩門科教妙典卷》，頁138。

佛祖流傳大乘正道無上法門，先欲持齋戒行端，然後尋求引進，攀於玄堂，懺悔皈依受戒，信心不退。	龍華教 混元教	源流法脈 〔註 192〕
大地眾生實可悲悽，返覆顛倒無靠無依，迷難調治，浮狂愚痴。開齋破戒，靈光落地。	龍華教	佛祖妙意直指尋源家譜 〔註 193〕
修行五更詞： 一更裡修行，為報五恩，天地君親師恩深。未盡心就是人中獸與禽，早晚點明燈，朝夕焚檀況，受戒持齋守黃庭，迴光返照觀世音，紅塵滾滾拋卻也，淨我的天爺呀，真要修，修要真。	先天道	金不換 〔註 194〕
警醒不修七言絕四十二首： 　叫你修來你不修，殺生食肉好口頭。 　殺他性命還性命，吃他肉油還肉油。…… 　叫你修來你不修，難除酒肉與葷油。 　分明指破神仙路，儘力相拖不轉頭。	先天道	金不換 〔註 195〕
勸急急修六十八首： 　急急修來急急修，三皈五戒佛根由， 　趁早皈依嚴守戒，學佛行持掌佛舟。	先天道	金不換 〔註 196〕
吃齋好善除酒戒葷修行真詮： 　為甚的吃甚麼齋，失了根源忘本來。天地蓋載好生德， 　慈仁不殺蓋載齋。報答天地不殺生，識得人根尋本來。 　…… 　為什的戒甚麼葷，昏迷難報父母恩。但願父母添福壽， 　四牲該死親該生。報答養育戒畜肉，超脫九祖還親恩。	先天道	金不換 〔註 197〕
齋戒一到十詞十二首： 　一齋戒，真元本態。…… 　二齋戒，逃災躲害。…… 　三齋戒，清閒爽快。…… 　四齋戒，心清性泰。…… 　五齋戒，陽生陰敗。…… 　六齋戒，謙和忍耐。……	先天道	金不換 〔註 198〕

〔註 192〕《源流法脈》，收入《明清民間宗教經卷文獻》第八冊，頁 276。
〔註 193〕《佛祖妙意直指尋源家譜》，收入《明清民間宗教經卷文獻》第八冊，頁 311。
〔註 194〕《金不換》，收入《明清民間宗教經卷文獻》第八冊，頁 381。
〔註 195〕《金不換》，頁 465。
〔註 196〕《金不換》，頁 470。
〔註 197〕《金不換》，頁 475。
〔註 198〕《金不換》，頁 539～541。

七齋戒，佛歡道愛。…… 八齋戒，離危履泰。…… 九齋戒，靖妖滅怪。…… 十齋戒，誠中全外。…… 十一齋戒，誓弘願大。…… 十二齋戒，加勤勿懈。……		
五報恩： 　一報天地之大恩。…… 　二報日月之大恩。…… 　三報國王之大恩。…… 　四報父母之大恩。…… 　五報師傅之大恩。……爲此持齋報深恩，寧可長齋長戒 　去，不做開齋破戒人。	先天道	金不換 〔註199〕
齋戒詞： 重濁下凝爲地，輕清上浮天堂。諸人皆在濁中行，名利牽 成羅網。打開要旨說法，速早跳出迷疆。齋戒沐浴體清涼， 立躋極樂坦蕩。……	不明	元化指南 〔註200〕
勸婦女急早出塵： 學觀音來學觀音，學他吃齋早修行。不戀紅塵花花景，迴 光返照悟眞經。	不明	元化指南 〔註201〕
只爲超生了死，因此受戒持齋。下喉原是惡物，殺生終成 孽堆。高官必爲險地，貪財寧非禍胎。	不明	仁性集成 〔註202〕
慈悲放生戒殺，求挽天意。虔誠尤有持齋等輩，學佛好善 諸君，因風開破齋戒，急早轉念觀音，勿得遲疑不決，退 退縮縮。	不明	仁性集成 〔註203〕
齋齋齋自娘胎，率眞性返本來，你若未明或生嗔謗，你若 明了有甚疑猜。你自思你初出娘懷，那裡會飲酒食肉，那 裡會戀色貪財，那裡會爭雄鬥智，那裡會弄巧行乘。	不明	義路是由 〔註204〕
吃齋好善除酒戒葷修行五首 天地蓋載好生德，慈仁不殺蓋載齋。	不明	禮秩昭然 〔註205〕

〔註199〕　《金不換》，頁 627～628。
〔註200〕　《元化指南》，收入《明清民間宗教經卷文獻》第八冊，頁 745。
〔註201〕　《元化指南》，頁 826。
〔註202〕　《仁性集成》，收入《明清民間宗教經卷文獻》第八冊，頁 844。
〔註203〕　《仁性集成》，頁 860。
〔註204〕　《義路是由》，收入《明清民間宗教經卷文獻》第八冊，頁 894。
〔註205〕　《禮秩昭然》，收入《明清民間宗教經卷文獻》第八冊，頁 917。

五報恩： 　一報天地之大恩。…… 　二報日月之大恩。…… 　三報國王之大恩。…… 　四報父母之大恩。…… 　五報師傅之大恩。……爲此持齋報深恩，寧可長齋長戒去，不做開齋破戒人。	不明	智果編〔註206〕
齋戒解： 　齋戒眞元本態。…… 　齋戒心清性泰。…… 　齋戒陽興陰敗。…… 　齋戒靖妖滅怪。…… 　齋戒誠中全外。…… 　齋戒誓弘願大。…… 　齋戒加勤勿懈。……	不明	信德洽孚〔註207〕
這一會選佛場天下齊響，有幾多眞佛子考墮迷疆。迷眾生說食齋是爲邪黨，遭誹謗受冤屈令人難當。考智慧考忍耐考人度量，考捨身受得苦試人心腸。眞與假這一考各見原像，分清濁在此定即知端詳。	先天道	歸原寶筏〔註208〕
修道人必問汝，如何食齋戒葷？因人而答理辯清，破他迷魂大陣。請思畜物殺時斬之叫苦，悲聲亂跳亂舞想逃生。口叫嗳喲饒命，畜物異體同，不過軀殼異形。一死靈魂見閻君，他能訴苦冤稟，十王依律判斷，將人陰德超生。不然等人命歸陰，冤冤相報嚴緊。古云：無故不殺，妄殺折福減齡，天律循報毫不昏，令知好生爲本。	先天道	歸原寶筏〔註209〕
夫殺物亦始於伏羲，教人餵養六畜，供祭天地神明，以報其功德，後世因之。祭功德大者殺牛，祭功德小者殺羊與豕，蓋六畜前生必有惡孽，應遭今生殺報，報後冤解天地神明，慈悲廣大，即將祭牲孽罪解釋，超生脫苦。一者正六道輪迴應受之罪。	先天道	八字覺原〔註210〕

〔註206〕《智果編》，收入《明清民間宗教經卷文獻》第八冊，頁950。
〔註207〕《信德洽孚》，收入《明清民間宗教經卷文獻》第八冊，頁971。
〔註208〕《歸原寶筏》，收入《明清民間宗教經卷文獻》第九冊，頁6。
〔註209〕《歸原寶筏》，頁27。
〔註210〕《八字覺原》，收入《明清民間宗教經卷文獻》第九冊，頁69。

二者使人見孽畜報慘，借以自儆，莫壞天良，致變六畜。 三者使人欲食其肉，必求有功德於世，非徒叫人適口而充腸也。 此義不明，饜供口味，供味既久，殺 成風俗人情，雖聖王亦止能節而不能禁。於是伏羲轉世化爲文王，教民養老，七十食肉。則自七十以下，皆不得食肉。其所以節殺物命者至矣。		
學道之人，應不至墮入苦井。今乃亦有墮之者，良由凡心未了，血心未化，外君子而內小人，違背佛法，信邪投魔，開齋破戒，得緣失緣，致有墮落陷井，難以出苦。	青蓮教	素一老人十六條規註解〔註211〕
輩人求領大道，先要齋戒誦經： 　齋者，謂不食葷腥；戒者，謂不近女色。蓋一以清殺孽，一以固元精。經謂佛家之經典，齋戒之外，又必誦經者，所以消宿孽也。	青蓮教	素一老人十六條規註解〔註212〕
葷爲佛家所戒，度人者必先勸人不食，此一定不易之規也。	青蓮教	素一老人十六條規註解〔註213〕
五戒精嚴： 　五戒者，一不殺生、二不偷盜、三不邪淫、四不酒肉、五不妄語。	青蓮教 先天道	開示經〔註214〕
貪圖口腹傷牲禽，天眼恢恢毫不漏，善惡昭彰甚分明。食齋戒殺爲正理，並非古怪有妄行，古言萬物皆同體。殺他肥己怎忍心，今斬明殺冤暗結，造下罪過似海深。	先天道	觀音濟渡本願眞經〔註215〕
若那身穿朝服跪哭痛切者，姓侯名復。緣伊前生貧苦，心性好善，孝順父母，長齋四十二年，施有草鞋三百七十一雙。自身勤苦，培修崎嶇之路四處，始終如一，感格天心，死後將他送於侯家投生，定他公卿之職，八十六歲善終。誰知…… 第二勸要誦經…… 第三勸要放生……	先天道	觀音濟渡本願眞經〔註216〕
夫人要做天地間第一美事，莫如讀書；讀書中第一高人，莫如學道；學道要存惻隱之仁，存仁則戒殺爲先。學道須離冤債之孽，離孽則持齋爲務。	先天道	齋戒述原〔註217〕

〔註211〕《素一老人十六條規註解》，收入《明清民間宗教經卷文獻》第九冊，頁115～116。
〔註212〕《素一老人十六條規註解》，頁122。
〔註213〕《素一老人十六條規註解》，頁128。
〔註214〕《開示經》，收入《明清民間宗教經卷文獻》第九冊，頁434。
〔註215〕《觀音濟渡本願眞經》，收入《明清民間宗教經卷文獻》第九冊，頁490。
〔註216〕《觀音濟渡本願眞經》，頁502。
〔註217〕《齋戒述原》，收入《明清民間宗教經卷文獻》第九冊，頁671。

肉字裡面兩人，細思以人吃人。今世吃他八兩，轉世還他半觔。殺其命者，臨終受苦，故牢字從牛，獄字從犬，牛犬不戒，牢獄不免。	先天道	齋戒述原〔註218〕
欲人修性返本，先當持齋齊心。欲人明善復初，首要戒殺存仁。	先天道	齋戒述原〔註219〕
易云：萬物相見乎離，離者午會也。故云：吃齋要吃坎離齋，不吃坎離咬菜根。言超凡入聖之道，非天時不洩，非天命不傳也。	先天道	齋戒述原〔註220〕
持齋戒殺非獨釋道一教也，而儒教諸神久已飛鸞開化。如文帝陰騭文，勸買物放生，持齋戒殺，勿網禽獸，勿毒魚蝦，舉步常看蟲蟻，禁火莫燒山林。……	先天道	齋戒述原〔註221〕
上一等不飲酒講究修養，釋迦佛戒葷酒掌教西方。燃燈佛除酒葷周朝宰相，夏禹王惡旨酒好善精詳。中一等不及亂暢飲無量，當飲時他才飲自曉退藏。下一等他飲酒醉如泥漿，醉憨時迷真性言語顛狂。	先天道	醒世要言〔註222〕
只要嫁娶之後，仍然抱守齋戒，道心不退，隨力行持，俟凡情得能了手之日，亦仍然立志精進，苦修苦煉。即一旦命盡身故，沒後加修亦可成其下乘品第，而終不入輪迴之苦焉。	先天道	金石要言〔註223〕
一、凡未食齋，初發心學道眾生，先命伊將書用心體會。齋戒數月，如果信道心篤，與佛門有益無害，方可選擇吉日，命伊備護上品供養，必須與原引人商議，始定三師，開示之後，即將口訣講清，道理辨明。	先天道	規矩準繩〔註224〕
進曰：某母親生前持觀音齋，未知入是何門？白衣曰：既持觀音齋，應入集信所，此西邊第一門便是。白衣問進曰：你母親虔否，進曰：但知老母有持此齋，虔與不虔，進亦不知。白衣曰：虔者在此，不虔者必入血湖。	不明	佛夢祖師因果錄〔註225〕
進曰：何為學道？白衣曰：我有四句偈，你可朝夕謹記。偈曰：持齋戒殺，惡語莫揚，酒色嚴警，財物莫貪。	不明	佛夢祖師因果錄〔註226〕

〔註218〕《齋戒述原》，頁672。
〔註219〕《齋戒述原》，頁673。
〔註220〕《齋戒述原》，頁673。
〔註221〕《齋戒述原》，頁674。
〔註222〕《醒世要言》，收入《明清民間宗教經卷文獻》第九冊，頁688。
〔註223〕《金石要言》，收入《明清民間宗教經卷文獻》第九冊，頁718。
〔註224〕《規矩準繩》，收入《明清民間宗教經卷文獻》第九冊，頁750。
〔註225〕《佛夢祖師因果錄》，收入《明清民間宗教經卷文獻》第九冊，頁848。
〔註226〕《佛夢祖師因果錄》，頁849。

三官大帝最靈，凡人有求必應，我夫妻齋戒沐浴，到三官大帝座前焚香頂禮，立宏誓善願，祈大帝消孽賜子。	地獄信仰	輪迴寶傳〔註227〕
前世少你錢十串，貧窮未曾還得明。不想死入幽冥地，發在你家變牛身。連租與人三十載，扯犁拖耙受苦辛。磨得皮穿骨頭濫，過本過利還你身。然何把我來宰殺，千刀萬刮取肝心。我今死入幽冥路，專等仇人把冤伸。殺我一命還一命，吃我一斤還幾斤。斤斤兩兩照簿算，再不饒讓你一分。劉京當時只叫苦，叫我如何還得清。……	地獄信仰	輪迴寶傳〔註228〕
咱傅門有幾輩代代行善，吃長齋戒殺生廣種福田。施側隱好生門人人當幹，存其心養其性究其根源。	地獄信仰	幽冥寶傳〔註229〕
傅門中有三代食齋好善，朝看經暮念佛廣種福田。感動了上皇爺發下慈念，才差下佛根子種你家園。	地獄信仰	幽冥寶傳〔註230〕
有一等，好殺生，貪圖滋味。終日裡，害物命，鮮血灘淋。吃了他，肉半斤，定還八兩。到案下，來對審，相報該應。	地獄信仰	消災延壽閻王經〔註231〕
或持齋而戒殺，舉步常看蟲蟻，禁火燒山林，勿登山而網鳥，勿臨水而毒魚蝦，勿宰耕牛。	不明	增廣覺世編〔註232〕
武帝信善經： 　若戒止葷酒，斷絕嗜慾，非老年不能。爾等皆後生也，未必能行，以不可行之事，而欲爾等勉行，是強爾以太難，阻爾以自新也。	關帝信仰	武帝經懺〔註233〕
爾時五公聖僧菩薩在天台山說法，流傳末劫，若清淨嚴持，香花燈果，虔心供養，齋戒沐浴，書寫誦讀，使人間同行善道，獲福無量。	羅祖大乘教 大乘教	五公末劫經〔註234〕
天神保佑善人身，災殃永無侵。勸諭後人行方便，唸佛吃齋結良緣，便見太平年。		五公末劫經〔註235〕
蓋聞益壽延年功，最要放生戒殺。消災滅罪，德莫大乎茹素念經。	救劫信仰	天台山五公菩薩靈經〔註236〕

〔註227〕《輪迴寶傳》，收入《明清民間宗教經卷文獻》第九冊，頁891。
〔註228〕《輪迴寶傳》，頁908。
〔註229〕《幽冥寶傳》，收入《明清民間宗教經卷文獻》第九冊，頁959。
〔註230〕《幽冥寶傳》，頁969。
〔註231〕《消災延壽閻王經》，收入《明清民間宗教經卷文獻》第十冊，頁11。
〔註232〕《增廣覺世編》，收入《明清民間宗教經卷文獻》第十冊，頁24。
〔註233〕《武帝經懺》，收入《明清民間宗教經卷文獻》第十冊，頁215。
〔註234〕《五公末劫經》，收入《明清民間宗教經卷文獻》第十冊，頁268。
〔註235〕《五公末劫經》，頁281。
〔註236〕《天台山五公菩薩靈經》，收入《明清民間宗教經卷文獻》第十冊，頁297。

富貴切勿吝錢財，將金修齋亦善哉。莫道酒肉無休日，劫來時候受苦災。一戶持齋萬戶同，南莊北舍不由公。且看秋來并夏冬，處處青蠅伴土蜂。	救劫信仰	大聖五公轉天圖救劫眞經〔註237〕
修齋莫貪酒肉，無終日劫到來時受此災。一戶修齋萬戶同，南窗北庫不公田，處處青蟲伴玉峰。欲知富貴生死路，申酉夏秋末劫來。	救劫信仰	五公天閣妙經〔註238〕
第十六籤：飛蛾投火，下下 　此籤宜守靜持齋，念無量壽佛，可迴凶作吉也。	救劫信仰	佛祖靈籤應驗〔註239〕
文昌帝君陰騭文： 　……或買物而放生，或持齋而戒殺，舉步常看蟲蟻，禁火莫燒山林。……	不明	元宰必讀〔註240〕
又如天年不測，旱魃爲災。若有百千萬億眾生，合團齋戒身心，迎奉眞人，建立香壇，延仗正一道士，修齋設醮，演誦本願行實眞經，禮拜眞人寶懺，即令攝召雷霆，雷公雷母，風伯雨師，水部龍王，對雲掣電，速降滂沱。	不明	眞人尊經〔註241〕
敬天奉神章第一： 天地有愛人之意，人要有愛物之心。順念物原同一體，因造惡改變情形。貪口腹將他廢命，難道物不曉貪生。皆因是不能說話，負含冤任你施行。肉被你煎熬煮妙，魂去見地府閻君。把含冤細訴一遍，收入那枉死之城。候你終三曹對案，償命債方報含冤。你吃他的肉四兩，酌償他八兩有零。地府中絲毫不讓，早回頭改過自新。	灶君信仰	敬竈章〔註242〕
痛惜生靈章第五：	灶君信仰	敬竈章〔註243〕
世人誰知道，不孝罪難逃。鬼卒執籤，無常奉票，黃泉路上無老少，戒殺放生最爲高。凡事總要把人饒，性不可急，志不可驕，得道無謬巧，忠孝致身竭力早。	扶乩信仰	乾坤寶鏡〔註244〕
宰殺事莫輕行，若貪口腹妄殺牲，陰間罪重。人與物皆天生，當知萬物一體情，不可害命。畜見殺戰兢兢，不會說話祇哀鳴，哭求饒命。那冤魂把狀升，轉報輪迴不消停，人當悟醒。	扶乩信仰	乾坤寶鏡〔註245〕

〔註237〕《大聖五公轉天圖救劫眞經》，收入《明清民間宗教經卷文獻》第十冊，頁327。
〔註238〕《五公天閣妙經》，收入《明清民間宗教經卷文獻》第十冊，頁342。
〔註239〕《佛祖靈籤應驗》，收入《明清民間宗教經卷文獻》第十冊，頁381。
〔註240〕《元宰必讀》，收入《明清民間宗教經卷文獻》第十冊，頁485。
〔註241〕《眞人尊經》，收入《明清民間宗教經卷文獻》第十冊，頁749。
〔註242〕《敬竈章》，收入《明清民間宗教經卷文獻》第十冊，頁767。
〔註243〕《敬竈章》，頁775。
〔註244〕《乾坤寶鏡》，收入《明清民間宗教經卷文獻》第十冊，頁880。
〔註245〕《乾坤寶鏡》，頁935。

勿輕宰殺： 　　上帝好生，無非化育。如來戒殺，總是慈悲。居家欲培福基，勸爾當惜物命。……縱不持齋而樂道，亦當愛物以存仁。	扶乩信仰	覺世正宗 〔註246〕
天心好生而惡殺，奈何圖彼肥美，恣我貪饕。方其生時亦猶人之生也，貪生怕死莫不皆然。至忍令湯燖刃割，全無半點仁心。一家日殺一命，百家日殺百命，至於成千累萬，血肉狼籍，殺氣血光上蒙霄漢。積孽日深，自必報以刀兵刑戮之慘，妄殺生靈，安得不慎。	扶乩信仰	醒夢編 〔註247〕
孔子生八月二十七日，卒二月十八日。學者宜隨其所籍之邑，所居之鄉，各約同志共結一社，每當此際，以爲聖節而致祭焉。其祭先期齋戒，懸像中堂，或置木主，同人至，拜而妥之。	扶乩信仰	奉聖回劫顯化錄 〔註248〕
立三皈合五戒，廣收原人。一皈依佛法僧最是要緊，立五戒頭一條就戒殺生，若偷盜合妄語概要除盡，絕邪淫還須要斷酒葷腥。	扶乩信仰	指路寶筏 〔註249〕
勸眾生各將這壇場安頓，不久日大宗師來此考懲。那時節無功果彼岸難近，願大眾體此書急早回程。投明師割恩愛養爾心性，戒去酒除了菸斷卻葷腥。受持這三與五皈戒嚴謹，設供果獻慈顏討准求恩。	扶乩信仰	指路寶筏 〔註250〕
王有金道：我一家持齋向善，只有同胞兄弟不肯持齋回心，今日趁此元宵燈下，安排素齋筵席，叫安童前去請二官人，二娘娘前來赴席。……	不明	普陀寶卷 〔註251〕
我王有銀立下誓願，即日持齋受戒，得到普陀。……	不明	普陀寶卷 〔註252〕
第十三願：是要戒殺放生。 　　天地有好生之德也，貪生物也貪生，一樣皮肉一樣痛苦。但他做了畜生，不過說不出口而已。呂祖師放生歌說道：他若死時你救他，你若死時天救你。所以人生在世，若要多活兩年，先要戒殺放生。	不明	立願寶卷 〔註253〕

〔註246〕　《覺世正宗》，收入《明清民間宗教經卷文獻》第十一冊，頁111。
〔註247〕　《醒夢編》，收入《明清民間宗教經卷文獻》第十一冊，頁207。
〔註248〕　《奉聖回劫顯化錄》，收入《明清民間宗教經卷文獻》第十一冊，頁407。
〔註249〕　《指路寶筏》，收入《明清民間宗教經卷文獻》第十一冊，頁559。
〔註250〕　《指路寶筏》，頁571。
〔註251〕　《普陀寶卷》，收入《明清民間宗教經卷文獻》第十一冊，頁806。
〔註252〕　《普陀寶卷》，頁822。
〔註253〕　《立願寶卷》，收入《明清民間宗教經卷文獻》第十一冊，頁932。

如說修行，行此持法，當處閑寂，洗浴其身，著新淨衣，飲食白素，不噉酒肉，以及五辛，常修梵行，以好香花供養九蓮菩薩。	不明	佛說大慈至聖九蓮菩薩化身度世尊經〔註254〕
帝奉親孝，與士信，臨財廉，取與義，不茹葷，不納室，由貢舉授御史，旋退隱於漳澄邑之大雁東山。	不明	保生大帝吳眞人傳〔註255〕
在凡難成忠孝，在聖何有果位。從今說破以後，儒修爲高。各拘本業，持齋行善，參求明師，當開眼目。	長生教	眾喜粗言寶卷〔註256〕
戒殺活物七十： 　我說救命務要戒殺爲先，若一家殺生不絕，累季總要瘴氣傷丁；若一人多殺生靈，轉世多犯血光殀亡。…… 　若至一月不殺，算爲下善，賜你一家免災免殀。若至一季不殺，算爲中善，賜你一家增福增壽。若至一世不殺，算爲上善，賜你一家孝子賢孫。若能世代不殺，算爲最上善，賜你一家永昌大富大貴。	長生教	眾喜粗言寶卷〔註257〕
人言殺生爲祭祀，豈有蔬物不祭神。天有好生神有德，不受葷腥受志誠。人言殺業爲養口，豈有不殺命不生。天下行業多多少，不殺未見餓死人。……	長生教	眾喜粗言寶卷〔註258〕
人言不殺遍地畜，那知越殺越多盛。人殺人喫人來做，不殺不喫有何生。人言不殺神何食，豈有神來討葷腥。天神若愛葷腥喫，爲何冤氣成刀兵。	長生教	眾喜粗言寶卷〔註259〕
人言養他應該殺，爹娘也是養你們。何不殺生供爹娘，況且言語不讓親。人言殺他投生去，極苦世人也求生。況且受殺最怕死，何況畜生受刀刑。	長生教	眾喜粗言寶卷〔註260〕
喫素念佛九七： 　喫素要淨口存心，可免輪迴；受戒要修身除惡，可求淨土。…… 　念佛一聲能消萬劫重罪，喫素一日可免永世冤愆。所以念佛爲經中的母，喫素爲修行之首。……	長生教	眾喜粗言寶卷〔註261〕

〔註254〕《佛說大慈至聖九蓮菩薩化身度世尊經》，收入《明清民間宗教經卷文獻》第十二冊，頁11。
〔註255〕《保生大帝吳眞人傳》，收入《明清民間宗教經卷文獻》第十二冊，頁36。
〔註256〕《眾喜粗言寶卷》，收入《寶卷初集》第二十冊，頁33。
〔註257〕《眾喜粗言寶卷》，頁104～105。
〔註258〕《眾喜粗言寶卷》，頁110。
〔註259〕《眾喜粗言寶卷》，頁111。
〔註260〕《眾喜粗言寶卷》，頁112。
〔註261〕《眾喜粗言寶卷》，頁348～349。

普勸世上男和女，快快喫素做善人。早喫一日是一日，恐怕性命不長存。有朝一日無常到，免受三塗地獄門。在生喫了一日素，臨終無常弔手心。在生喫了百日素，陰司路上放光明。在生喫了千日素，幢旛寶蓋金童迎。在生喫了一世素，十王拱手也歡忻。	長生教	眾喜粗言寶卷〔註262〕

〔註262〕《眾喜粗言寶卷》，頁 350～351。

附表四 世界各地素食主義者協會成立簡表

創立年代	組　織　名　稱
1847	The Vegetarian Society（素食主義者協會）
1850	American Vegetarian Society（美國素食主義者協會）
1867	Vegetarier-Bund Deutschlands（德國素食主義者協會）
1886	Australian Vegetarian Society（奧大利亞素食者協會
1888	London Vegetarian Society（倫敦素食主義者協會）
1888	Vegetarian Cycling and Athletic Club（素食主義者運動與體育俱樂部）
1890	Irish Vegetarian Union（愛爾蘭素食主義者聯合會）
1891	Indian Vegetarian Societies（印度素食主義者協會）
1892	Scottish Vegetarian Society（蘇格蘭素食主義者協會）
1893	3rd International Vegetarian Congress, Chicago, USA（第三屆國際素食主義者學術研討會，芝加哥，美國）
1896	Dansk Vegetarforening（丹麥素食主義者協會）
1897	Nederlandse Vegetariërs-Bond（荷蘭素食主義者協會）
1900	French Vegetarian Society（法國素食主義者協會）
1901	Russian Vegetarian Society（俄羅斯素食主義者協會）
1902	Friends Vegetarian Society（素食主義者友誼協會）
1903	Svenska Vegetariska Föreningens（瑞典素食主義者協會）
1903	Norwegian Vegetarian Society（挪威素食主義者協會）
1904	Order of the Cross

1906	Greek Vegetarian Society（希臘素食主義者協會）
1908	Spanish Vegetarian Society（西班牙素食主義者協會）
1908	Belgian Vegetarian Society（比利時素食主義者協會）
1908	Tutmonda Esperantista Vegetarana Asocio
1908	Austrian Vegetarian Society（澳洲素食主義者協會）
1908	Swiss Vegetarian Society（瑞士素食主義者協會）
1909	Finnish Vegetarian Union（芬蘭素食主義者協會）
1911	Portuguese Vegetarian Society（葡萄牙素食主義者協會）
1911	Hungarian Vegetarian Society（匈牙利素食主義者協會）
1923	Bulgarian Vegetarian Union（保加利亞素食主義者協會）
1923	Czechoslvakian Vegetarian Society（捷克斯拉夫素食主義者協會）
1923	world Vegetarian Congress, stockholm, sweden（1923 年世界素食主義者學術研討會）
1926	Milennium Guild, USA（美國千禧年協會）
1926	Estonian Vegetarian Society（愛沙尼亞素食主義者協會）
1927	Vegetarian Society of the District of Columbia（素食主義者協會哥倫比亞分會）
1943	New Zealand Vegetarian Society（紐西蘭素食主義者協會）
1944	Vegan Society UK（聯合國素食協會）
1945	Toronto Vegetarian Association（多倫多素食主義者協會）
1947	American Vegetarian Union（美國素食主義者聯合會）
1950	Canadian Vegetarian Union（加拿大素食主義者聯合會）
1951	Vegetarian Catering Association（UK）（素食主義者聯合協會）
1951	Finnish Vegetarian Society（芬蘭素食主義者協會）
1951	Mazdaznan Movement（UK）（祅教素食運動聯合會）
1952	Dublin Vegetarian Society（愛爾蘭都柏林素食主義者協會）
1952	Associazione Vegetariana Italiana（義大利素食主義者協會）
1954	Canadian Vegetarian Union（加拿大素食主義者聯合會）
1955	Bombay Humantiarian League（孟買人道主義者聯盟）
1955	14th World Vegetarian Congress , Paris, France（第十四屆國際素食主義者學術研討會，巴黎，法國）
1960	Paris, France（法國巴黎素食主義者協會）
1960	Toronto Unit Vegetarian Union（素食主義者聯合會多倫多分會）

1960	Ceylon Vegetarian Society（錫蘭素食主義者協會）
1960	Chicago Vegetarian Society（芝加哥素食主義者協會）
1960	Forbundet Allnordisk Folkhalsa
1960	Birmingham Vegetarian Society（伯明翰素食主義者協會）
1960	Bristol Vegetarian Society（布里斯多素食主義者協會）
1960	Cardiff Vegetarian Society（加地夫素食主義者協會）
1960	Gloucester Vegetarian Society（格洛斯特素食主義者協會）
1960	Leeds Vegetarian Society（里德斯素食主義者協會）
1960	Liverpool Vegetarian Society（利物浦素食主義者協會）
1960	Newcastle-upon-Tyne VS
1960	tockton-on-Tees V.S
1960	Ulster Vegetarian Society（阿爾斯特素食主義者協會）
1960	World League Against Vivisection（世界反活體解剖聯盟）
1960	Israel Vegetarian & Hygienist Union（以色列素食主義者暨衛生協會）
1960	Malayan Vegetarian Society（馬來亞素食主義者協會）
1960	Mandalay Vegetarian Society（曼德勒素食主義者協會）
1960	Nigerian Vegetarian Society（奈及利亞素食主義者協會）
1960	Pena Vegetariana（Spain）（西班牙素食主義者協會）
1960	Sociedade Portuguesa de Naturologia
1960	The Vega Club（France）（法國純素食者俱樂部）
1960	Vivre en Harmonie（France）
1960	Vegetarian Club of India（印度素食主義者俱樂部）
1960	Vegetarian Society of Michigan（密西根素食主義者協會）
1960	Vegetarian Society of New York（紐約素食主義者協會）
1960	Walter Sommer Verlag
1960	West African Vegetarian Society（西非素食主義者協會）
1960	American Vegan Society（美國純素食者協會）
1960	Indian Vegetarian Congress（印度素食主義者聯合會）
1960	Israel Vegetarian Society（以色列素食主義者協會）
1960	Nazoraer Orden（Germany）
1963	Bombay Vegetarian Society（孟買素食主義者協會）
1963	Asocicion Vegetariana de Barcelona
1963	Association Vegetarienne de France（法國素食主義者協會）

1964	Madrid Vegetarian Society（馬德里素食主義者協會）
1964	Federacion Vegetariana Española
1964	Cumbrian Vegetarian Society（坎伯蘭素食主義者協會）
1964	East Surrey Vegetarian Society（東帝汶素食主義者協會）
1964	Ord Esoterica, Portugal
1964	Manchester & District Vegetarian Society（曼徹斯特素食主義者協會）
1964	Vegetarian Society of Nottingham（諾汀根素食主義者協會）
1964	All India Animal Welfare Association
1964	Vegetarian Club of Delhi
1965	British Vegetarian Youth Movement
1965	Jewish Vegetarian Society
1967	Oxford Vegetarians
1968	San Francisco Vegetarian Society
1970	Gentle World, Hawaii
1970	Österreichische Vegetarier Union
1971	Spanish Vegetarian Naturist Federation
1974	North American Vegetarian Society（北美素食主義者協會）
1974	Food for Life Global
1975	Vegetarian Society of Colorado, USA（美國科羅拉多素食主義者協會）
1975	Temas Atuais na Promoção da Saúde, Brazil
1976	Veganföreningen i Sverige
1977	Vegetarian Soc. of S. Australia
1977	Societe Vegetarian de Geneve
1977	Los Angeles Vegetarian Society（洛山磯素食主義者協會）
1977	Nature Cure Clinic（London）
1977	York Natural Life Assoc.（UK）
1977	Soc. Naturologiia de Venezuela
1977	ACUVINA, Panama
1977	Assoc. de Veg.Nat. de Columbia
1977	Assoc. Mexicana Naturista
1977	Assoc. Nat. Gyuana
1978	Vegetarian Society of Ireland
1979	Egyptian Vegetarians（埃及素食主義者協會）
1979	South African Vegetarian Union（南非素食主義者聯合會）

1979	Latin-American Vegetarian Union（拉丁美洲素食主義者聯合會）
1980	Asociación Vegetariana Canaria, Spain
1981	FARM, USA
1982	Sri Lanka Vegetarian Society
1982	Pan African Vegetarian Union
1982	North India Vegetarian Union
1982	Polish Vegetarian Society
1982	Yugoslav Vegetarians
1983	Vegetarian Society（Reverence for Life），India
1984	Young Indian Vegetarians（UK）
1984	Jewish Vegetarians of North America（北美猶太人素食協會）
1984	The Vegetarian Resource Group
1985	European Vegetarian Union
1986	Boston Vegetarian Society
1986	Triangle Vegetarian Society
1987	Vegetarian Union of North America（北美素食主義者聯合會）
1988	EarthSave International
1989	Vermont Vegetarian Society（USA）
1993	Winnipeg Vegetarian Association
1993	Vegaaniliitto, Finnish Vegan Society
1993	Japan Vegetarian Society
1993	Schweiz. Vereinigung für Vegetarismus
1995	The Vegetarian Centre of Thailand
1995	Vegana - Danish Vegan Society
1995	Springfield Vegetarian Association（USA）
1995	Alliance Végétarienne, France
1995	香港素食學會（The Vegetarian Society of Hong Kong）
1996	De Vegabond, Luxembourg
1996	Healthy Living Supper Club, UK
1997	Vegetarian Society of Botswana
1997	Societá Vegetariana, Italy
1997	Peak District Vegetarians, UK
1997	Associan Cultores de Vida Natural（Panama）
1997	Vegetarian Society of Richmond（USA）

1997	Vegetarian Society of Bermuda
1997	Solent Vegetarians and Vegans
1998	Hampton Roads Vegetarian & Living Foods Community（USA）
1998	Keluarga Vegetarian Maitreya Indonesia
1998	Vegetarian Society of Russia
1998	Silver Dove Club
1998	Croydon Vegetarians（UK）
1998	BEVEG（UK）
1998	Vitaverde
1998	Associacion Vegana Espanola
1999	Vegetarian Society of Malta
1999	Bristol Vegetarian and Vegan Society
1999	Osterreichische Vegetarier Union
1999	Association Mexicana de Vegetarianos
1999	Vegans in Motion, Detroit（USA）
1999	Asian Vegetarian Union
1999	Vegetarian Society Singapore
1999	Hong Kong Vegan Society
1999	Clubveg（USA）
1999	Thai Vegetarian Union
1999	Los Vegetarianos（Colombia）
2000	Manchester Vegetarians
2000	Ethisch Vegetarisch Alternatief, Belgium
2000	IL & Midwest veg entertainment group（USA）
2000	Vegetarian Resource Centre
2000	Armenian Vegetarian Society
2000	Food for Life So Paulo
2000	Unión Vegetariana Argentina
2000	Christian Vegetarian Association
2000	Scottish Vegetarian Association
2000	Vegetarian Society of Ticino（Switz）
2000	Societe Holistic Conseil（France）
2000	34th World Vegetarian Congress, Sharing the Vision , Toronto, Ontario, Canada・July 10-16
2001	Douceur et Harmony（France）

2001	L'Alliance Vegetarienne Congo
2001	Gentle World（USA）
2001	Institute for Plant Based Nutrition（USA）
2001	Vegan Society of Australia
2001	Vegetarians of Mongolia
2001	Vegetarians of Washington（USA）
2001	Progetto Vivere Vegan（Italy）
2001	Vegetarian Society of Hawaii
2001	VeganItalia
2001	Union Conciencia Alimentaria（Chile）
2002	Vegetarian Society of Uganda
2002	Eurasian Vegetarian Society
2002	South East Scotland Vegetarians（東南蘇格蘭素食主義者協會）
2002	Swansea Vegetarians
2002	Moldavian Vegetarian Union（摩爾達維亞素食主義者協會）
2002	Vegetarian Society of Ghana（迦納素食主義者協會）
2002	The Zambia Society of Vegetarians
2003	Northern Vegetarian Society（Canada）（北加拿大素食主義者協會）
2003	Lewes & Hastings Vegetarian Group
2003	Atlantic Veg Association（Canada）
2003	Sociedade Vegetariana Brasileira（巴西素食主義者協會）
2003	Bosnia & Herzegovina Vegetarian Society（波士尼亞和赫芝格維那素食主義者協會）
2003	Fundacion Shakahari Vegetariana（Spain）
2003	Unión Vegetariana Española